STOP
a careless
mistake

ケアレスミスをなくせば、中学受験の9割は成功する

宮本毅 アテナ進学ゼミ主宰

中経出版

はじめに

先日友人とメールのやり取りをしていた時のことでした。友人から「京都に行くならどこがおススメの観光スポットか？」と尋ねられたので、私は大好きな観光スポットである大原三千院をすすめたところ、友人から「腹を抱えて笑った」という返事が返ってきました。私が「せっかく勧めてやったのに何と失礼なやつだ」と憤慨すると、「自分のメールをよく見てみろ」との返事。そこで私は自分が送信したメールを読み返してみました。するとそこには「大原さん全員！」との文字が。これにはさすがに我ながら苦笑するしかありませんでした。

パソコンや携帯電話でのメールの打ち間違いについては、たくさんの面白い事例が報告されておりますので、みなさんも同様の例をご存知かと思います。しかし携帯メールであれば笑い話ですむことでも、別の局面では「ボタンを押し間違えちゃった〜」ではすまされないことも、少なからず存在します。

2011年9月6日、乗客・乗員117人を乗せた全日空の旅客機（那覇発羽田行き全日空140便、ボーイング737）が、機体がほぼひっくり返った背面状態で1900ｍも急降下し、客室乗務員がけがをするという事故が起こりました。この事故は、那覇をたった全日空機が飛行中にトイレから戻った機長を副操縦士がコックピットに入れようとした際、「コックピットのドアの開閉スイッチ」ではなく、そのすぐそばにあった「機体を制御するスイッチ」を、誤って操作してしまったことにより発生したそうです。

運輸安全委員会によると、急降下した際、機体は最大で131.7度傾き、機首は最大35度傾いていたそうです。山形蔵王温泉スキー場には「横倉の壁」という平均斜度30度の急斜面があるのですが、この上端に立って見下ろすと、絶壁に向かって滑り降りていかなければならないような錯覚を覚えます。機内では、それと同様の恐怖が襲ったことでしょう。さらに速度に関しても、国の制限値（マッハ0.82）を超えて、マッハ0.828に達していたといいます。マッハ1とは音速のことで、かつてはこの音速の壁を超えようとして優秀なパイロットたちが何人も亡くなりました。空中分解もありえたという専門家の話もあるほどで、大変大きな事故につながる危険性のあったことがうかがえます。

近代文明が進んだ結果、人は自ら持ちえる以上の力を使えるようになりました。私たちはそうした大きな力を扱う際、ミスをしないように細心の注意を払う必要があります。なぜなら、ひとたび、ミスから事故を起こせば、他者を傷つけ、場合によっては命を奪ってしまう事態になり、事故を起こした人は大きな責任を負わされることになるからです。そのようなことになれば、自らの人生も棒に振ってしまいかねません。

私は塾講師という仕事に20年以上就いておりますが、以前に比べて子どもたちは単純な公式を取り違え、問題を読み間違えたり読み飛ばしたり、簡単な四則計算でさえケアレスミスをするようになりました。中には直前に注意されたことすら間違える子どももいます。大人になれば少しずつ改善されていくだろうという希望的観測もあるでしょうが、こうした子どもたちが将来の日本で重責を担う仕事に就けるのだろうか、就けたとしてもそれで日本は大丈夫なのかという不安もぬぐいきれずにいます。

本書では「ケアレスミス」のメカニズムに迫りながら「ケアレスミスをしない子ども」を育てる具体的な方法を提示していきたいと思います。私は中学受験の専門家ですが、本書は中学受験生を持つ保護者の皆様だけでなく、高校受験を控えたお子様を持つ保護者の方や、高校生・大学生そして社会人に至るまで、すべての方に読んでいただけるようになっています。一人でも多くの方にお読みいただき、ケアレスミスの少ない社会作りを目指してほしいと心から願っています。

宮本　毅

CONTENTS

ケアレスミスをなくせば、
9割の中学受験は成功する

CONTENTS

PART2

国語

のケアレスミスをなくす方法

PART3

理科

のケアレスミスをなくす方法

CONTENTS

PART4

社会

のケアレスミスをなくす方法

PART5

ミスをしない子に育てよう

ブックデザイン：高橋明香（おかっぱ製作所）
イラスト：石川恭子
写真提供：会津若松市

STOP
a careless
mistake

PROLOGUE

なぜ、ケアレスミスを克服しなければいけないのか？

本文を書き始める前にまず、ケアレスミスを克服しなければ入試の合否にどのくらい影響があるのか、次の３つの事例をもとにして考えてみたいと思います。

事例１

普段から集中力に欠けることの多かったＡさんは、テストでも国語の問題での抜き出し間違いによるミスや、算数の計算ミスなどで、ケアレスミスによる失点が絶えませんでした。お母さんは毎回口を酸っぱくして「ケアレスミスをしないように」と注意を与えてきたのですが、本人はなかなか改善しようとしませんでした。中学受験や社会の厳しさというものに対する認識が甘く、合否に関しても「なんとかなる」と考えていたようです。そういう意味では精神的に幼く、自覚が足りない生徒であったといえます。

模試の成績は偏差値50～55の間をうろうろしていました。第１志望の学校は合格基準の偏差値が57くらいの学校でした。本人は毎回ケアレスミスにより20点くらいは損をしていましたので、もしこれがなくなれば第１志望に十分手が届くところでした。しかしケアレスミスを克服する努力を怠っていたため、成績はずっと横ばい状態だったのです。

そしていよいよ入試シーズンがやってきました。１月の頭に彼女は埼玉県の学校を受験しました。この学校は彼女の成績からすると安全校であり、まず不合格になることはないと思われていました。しかし彼女は入試本番で、算数の解答欄をずらして書いてしまうという大きなミスをおかしました。その学校の算数は記述式ではなかったため、同じ大きさの解答欄が縦に並んでいたので、つい1つ飛ばして書いてしまったのです。あわてた彼女はいったん答えを全部消すという行動に出ました。ところがよほどあわてていたせいか、消している途中で解答用紙を大きく破ってしまったのです。算数のあとに行なわれた理科と社会のテストでも、彼女はその失敗を引きずって動揺し、ほとんど解けなかったそうです。

結局単なる練習校であった学校で、彼女は不合格となってしまいました。彼女は1月の残りの半月間、心を入れ替えて努力し、最終的には第2志望の学校に合格することができましたが、練習校で起こったことが志望順位の高い学校で起こらずに本当によかったと思います。

事例2

字や図が汚いB君は、自分の書いた数字を読み間違えたり、図形を正確に描けないことでミスをしたりするタイプの子でした。最初に円や直線をしっかり描くことができず、どうしても歪んだ形になってしまうのです。また文字も筆圧が強くて大きいため、式が1行で収まらず、2行にわたってしまうこともしばしばでした。筆算でもケタの取り違えなどが多く、算数はなかなか成績が上がっていきませんでした。

国語でも苦労していました。読解問題は得意なのですが、漢字がとても苦手で、やってもやっても覚えられなかったのです。ともかくせっかく読解ができてもそれを記述するときに誤字や脱字が多かったりひらがなを多用したりしてしまうので、記述問題などでもあまり高得点が望めませんでした。

それでも持ち前のまじめな性格で、一生懸命努力を重ね、図や字の練習を積んでいったところ、字のほうはあまり改善しませんでしたが、図は以前よりもずっと見やすいものが描けるようになりました。**算数は図が描けるようになると、ケアレスミスが減り成績もグッと伸びてきます。**B君は後半実力を伸ばし、見事第1志望に合格しました。途中であきらめず、地道な基礎訓練を積んだ賜物《たまもの》だと思います。

> 直線ℓ上に、半径8cm、中心角45度のおうぎ形OABが㋐のように置いてあります。このおうぎ形が、はじめて㋑のようになるまで直線ℓ上をすべらないように転がりました。円周率を3.14として、次の各問いに答えなさい。
> (1) 頂点Oが動いた長さは何cmですか。
>
> 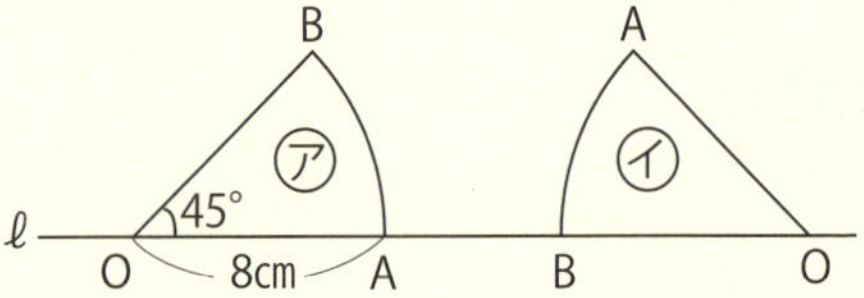
>

〔B君の誤答〕

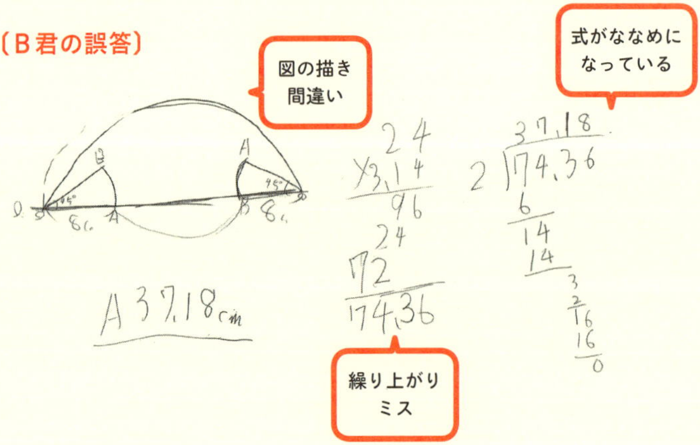

〔正しい答え〕 $8 \times 2 \times 3.14 \times \dfrac{90+90+45}{360}$

$= \underline{31.4\text{cm}}$

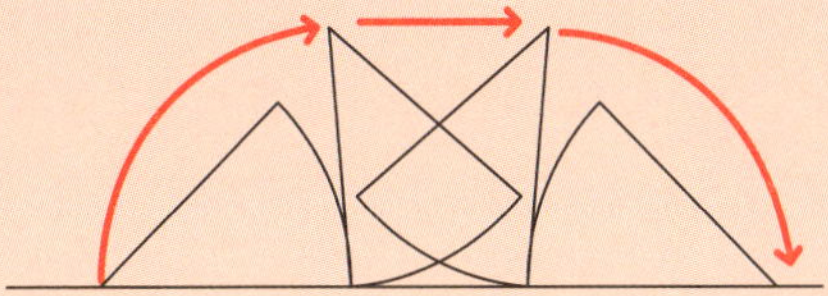

事例3

この事例は私の講師仲間から聞いた話なのですが、少々特異な例です。私もかれこれ20年以上塾講師をやっていますが、このような事例は、私自身は聞いたことがありません。

埼玉県での入試がスタートした１月中旬、Ｃ先生は小６生の教え子Ｄ君のお母さんから１本の電話をもらったそうです。その内容はＣ先生を驚愕させるに足るものでした。すなわち「出願締切日を忘れていて、第２志望の学校の出願ができなかった」と言うのです。その際、お母さんはいろいろと忘れるに至った経緯をＣ先生に話したそうですが、残念ながらいくら理由を積み上げたところで、その学校はもう二度と受験できなくなってしまったことに変わりはありません。その話を聞いたとき、そのお母さんは自分の失敗によって、子どもの人生を変えてしまったかもしれないなあと私は感じました。

Ｃ先生によると、Ｄ君は第１志望の学校とは相性が悪かったせいか、過去問の出来はあまりよくなかったそうなのですが、それよりも偏差値の高かった第2志望の学校とはとても相性がよく、コンスタントに好成績を収めていたそうです。「たら・ればの話をしても仕方がないが……」C先生はこう思いながらも、第2志望の学校を受けていれば合格できると確信していた、と言っていました。結局D君は第1志望校も、新たに付け加えた第2志望校も不合格となり、今は高校受験でのリベンジへ向けてがんばっているそうです。

事例3はやや特殊な例ですが、**周りでサポートする人も含めて、ケアレスミスは合格のためには克服しておかなければならない課題**であることがおわかりいただけたのではないでしょうか。

では次章より、ケアレスミスをなくす具体的な方法について詳しくお話ししていきたいと思います。

STOP
a careless mistake

PART 1

算数のケアレスミスをなくす方法

case01

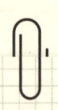

計算ミスを克服したければ、まずこれをマスターせよ！

Q1

うちの子、末尾に０のついてる計算も筆算を使って解くもんだから、いつも単純な計算ミスをしてしまうんです。どうしたらいいでしょう？

こんなに明確に子どもの計算ミスの原因を把握している保護者の方は実際にはなかなかいません。ではなぜこの話題をわざわざ本書の最初に持ってきたのでしょうか。実はそれには深い理由があります。

私たち塾講師が、子どもたちの学習の様子を見ていて「あ、この子、算数のセンスがないな」と感じる瞬間があります。以下のような計算を筆算でやっている子を見たときです。

350 × 400

この計算をするとき、算数が得意な子どもや大人たちなら暗算でサッと計算してしまうでしょう。暗算がそれほど得意ではない人でも

35 × 2 = 70
さらに2倍して……140
それに0を3つくっつけて……
140000

と、計算できると思います。

ところが算数があまり得意でない子は、問題を与えられた瞬間に、筆算をやろうとしてしまいます。彼らはこう言います。だって「3ケタ×3ケタ」だもん、と。

九九や「2ケタ×1ケタ」ならなんとか暗算できても、「2ケタ×2ケタ」以上は「暗算なんてムリ！」とハナから決めてかかっている子はたいていの場合、算数が苦手だと感じているはずです。

日本の算数の教育には「筆算神話」のようなものが存在します。教師も親も何かにつけて「筆算しなさい！　でないと計算間違いするよ」と言います。そう言いすぎるあまり、子どもたちは「筆算をしないと怒られる」という強迫観念を抱き、それで何でもかんでも筆算をしようとしているのだと思います。そのため上記のような、筆算をする必要のない場面でも、無意識的に筆算をしてしまうのです。

しかし筆算には、実にさまざまな「ミス誘発ポイント」が隠されています。そんなにもミスを助長する道具は、もはや「便利な道具」ではないはずなのに、それでもなお人々が筆算に頼るのは、それに代わる新しい道具を人類が見つけられていないからにほかなりません。そろばんや計算機といった形でもう発明されてはいるのですが、入学試験などでは相変わらずそれらの使用が禁止されていますので、どうしても筆算に頼るしかないと感じてしまうようです。

計算問題を解くときには、できる限り筆算には頼らないほうが、計算ミスはしにくいという結論にせっかく到達しても、筆算以外の方法を知らないままでは、それ以上先へは進めません。そこでまず最初にこの話を持ってきて問題点はどこなのかを明確にし、それから第１章を通して、「計算ミスをしない計算方法」という夢のような方法を、少しずつ学んでいくことにします。

まずはウォーミングアップとして、**「ゼロテク」**というテクニックを教えましょう。「ゼロテク」とは私がつけた名称です。「ゼロテク」の基本的な考え方はすごく簡単です。数字を10倍すれば「０」が１つ多くなり、100倍すれば「０」が２つ多くなる。また10で割れば「０」が１つ減り、100で割れば「０」が２つ減る。ただそれだけです。これを応用して

$$350 \times 400 = 35\underline{0} \times 4\underline{00} = (35 \times 4) \times 1000$$

$$3600 \div 450 = 360\cancel{0} \div 45\cancel{0} = 360 \div 45$$

とやってしまうわけです。

筆算でやるとこうなりますね。

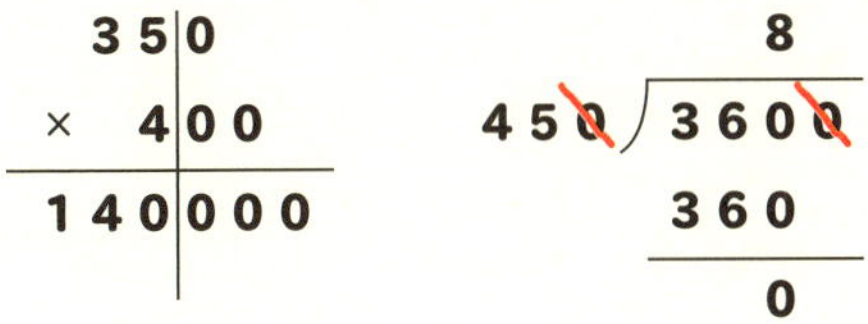

「ゼロテク」を使うと、次のような取り違えミスを防げます。

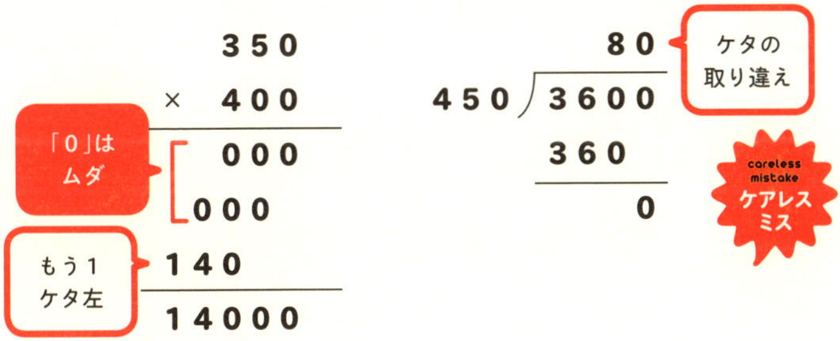

まずはこの **「ゼロテク」** をしっかりと身につけましょう。

MIYAMOTO METHOD

ケアレスミスをなくす「宮本メソッド」1

↓

「ゼロテク」をマスターせよ!

STOP
a careless mistake

case02

便利ツールのはずの筆算はミスの宝庫

Q2

うちの子、計算で筆算をするときに間違えていることが多いんです。どうしたら直りますか？

こんな筆算を考えてみましょう。

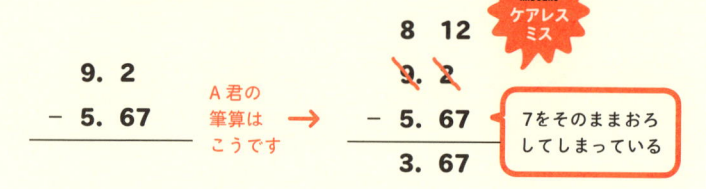

```
   9. 2
 - 5. 67
 -------
```

A君の筆算はこうです →

```
   8  12
   9.  2   (9と2に斜線)
 - 5. 67
 --------
   3. 67
```

careless mistake ケアレスミス

7をそのままおろしてしまっている

どうでしょうか？

正しい筆算はこうなります。

```
   8  1
   9. 20   (9と2に斜線)
 - 5. 67
 --------
   3. 53
```

小数を習いたての小4生ばかりでなく、入試直前期の小6生までもが、この手の筆算ミスをおかしてしまいがちです。これはなぜなのでしょうか？

前項でも少しだけ触れましたが、筆算にはミスを誘発しやすいポイントがたくさんあります。たとえばかけ算の筆算について考えてみましょう。

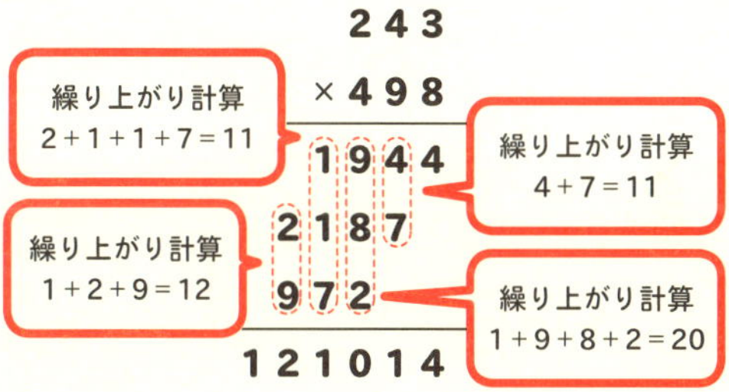

「3ケタ×3ケタ」の筆算をすると、途中で以下の計算をすることになります。

ア．243 × 8 = 1944（3ケタ × 1ケタのかけ算）
イ．243 × 9 = 2187（3ケタ × 1ケタのかけ算）
ウ．243 × 4 = 972（3ケタ × 1ケタのかけ算）
エ．4 + 7 = 11（繰り上がり計算）
オ．1 + 9 + 8 + 2 = 20（繰り上がり計算）
カ．2 + 1 + 1 + 7 = 11（繰り上がり計算）
キ．1 + 2 + 9 = 12（繰り上がり計算）

こうして分解してみると筆算の途中で、いかにたくさんの計算を必要とするかがわかります。特にオでは繰り上がりの数字が２となり、間違えやすさが増します。この１問を見るだけで、普段計算間違いをしてしまうお子さんに対して「なぜ計算ミスするの！」と声を荒らげても、そんなに簡単に解決しないのは想像できますよね。

今度は割り算の筆算を見てみましょう。

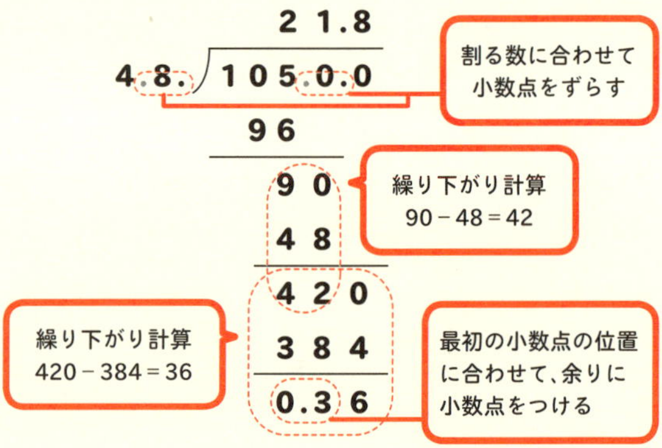

割り算はかけ算よりもさらに複雑な手順を要します。まず割る数に合わせ、割る数と割られる数の小数点をずらします。次に立つ「商」を考えるために、およその数を使って割り算をするのです。つまり上の例ですと、最初の「商」である２を考えるために、100 ÷ 50の計算をしなければなりません。「商」が立ったら今度はかけ算をして、出てきた数を使って引き算をするわけです。割り算をしたいだけなのに、まず割り算をして、次にかけ算をして、最後に引き算をする必要があるのです。大変な道のりですね。

それで終わりではありません。最後に「余り」を求めさせる問題の場合、「余り」の小数点の位置は、元の小数点の位置で考えないといけません。つまり「商」と「余り」では、小数点をつける位置が違うのです。「余り」の小数点の位置が違うことも、子どもたちを混乱させる原因となっています。

このように、筆算は計算を簡単に行なうための便利な道具というわけではないことがおわかりいただけたかと思います。しかし筆算を使わなければ解けない計算問題も確かに存在します。

大切なことは「子どもたちはいったいどこで計算を間違えやすいのか」を知り、そして分析することです。さらに「筆算を使わないほうが簡単だし間違えにくい」ということを知り、筆算を使わずに計算する方法を身につけることです。

算数に悩まされた小学校時代を思い出して頭が痛くなってしまった方もいらっしゃるかと思います。しかし克服すべき相手のことをよく知らずに問題を克服することはできません。まずは皆さんがしっかり「計算ミス」に向き合ってください。自分ができないことを要求しても子どもたちは努力をしてくれないですよ。

MIYAMOTO METHOD

ケアレスミスをなくす「宮本メソッド」2

↓

計算ミスの多い子には筆算をあえて使わせるな

STOP
a careless mistake

case03

ケタの取り違えは、日常生活の心がけ次第

Q3

このあいだ模試で 30 × 6 を 1800 と計算していて愕然としました。うちの子は頭が悪いのでしょうか？

子どもたちに意外に多いのが、「ケタの取り違えミス」です。上記の質問の例はやや大げさですが、単純なケタの取り違えミスというのは頻繁に起こります。たとえば……

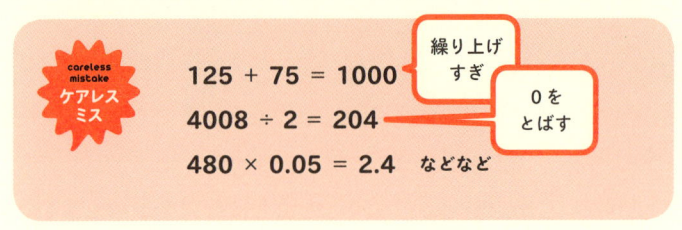

careless mistake
ケアレスミス

125 ＋ 75 ＝ 1000 （繰り上げすぎ）

4008 ÷ 2 ＝ 204 （0をとばす）

480 × 0.05 ＝ 2.4　などなど

単純な計算ミスなだけに、なかなか対策の立てようがないように思われます。しかもこうした単純ミスは、練習を積んでもなかなか直らないものです。ではどうやって克服したらよいのでしょう。たとえば小学校４年生くらいで、「50 ÷ 2」がパッと出てこない子がいますが、こういう子どもたちは一生懸命頭の中で筆算をやろうとして混乱してしまうようです。

しかしこうした子どもたちにも質問の仕方を変えてあげると、急にスラスラと答えたりします。「50円÷2は？」と聞いてやると、算数の苦手な多くの子どもたちがパッと「25円！」と答えます。これはいったいどういうことなのでしょうか。

子どもたちは「お勉強」が嫌いです。日本青少年研究所の調査によれば、日本・韓国・中国・アメリカの高校生のうち、日本は「好きな科目がある」「学習時間」「学習に対する自主性」などの項目で、4ヶ国中最下位という結果になっています。

お勉強が嫌いな子どもたちがお勉強に拒否反応を示すのは当然のことです。小学校高学年にもなると、たとえば家族旅行などで史跡などを訪れた際に親が「ここは聖武天皇ゆかりの地でね……」などと言おうものなら、子どもはすかさず「また勉強の話？　旅行のときくらい勉強の話はやめてよ」と拒絶したりします。旅行の醍醐味の何割かはその地の歴史をひも解くことなのですが、勉強嫌いの子どもたちにとってそのうまみを知るのはもっと大人になってからでしょう。

「ケタの取り違えミス」は「また勉強の話？」と拒否反応を示すタイプに非常に多いミスです。彼らは「日常生活での興味事・関心事」と「勉強」を、まったく異質のものとしてとらえてしまっているために、生活の中で身につけるべきことに対しても異常な拒否反応を示します。「勉強の話はもううんざり」「勉強は学校や塾でしてきている」というわけです。

しかし「30×6＝180」ぐらいの計算は、日常生活の中で感覚的にとらえるべきものです。これを私は「量の感覚」すなわち**「量感」**と呼んでいます。お料理をされる方なら、たとえばカップケーキを作るときに１個につき30グラムの砂糖を使用するとして、６個作りたいからといって1800グラムの砂糖を入れてしまうことは絶対にありませんね。1.8キログラムの砂糖は大量すぎて「絶対におかしい！」と感じるはずなのです。

人間は「ミスをする」生き物です。では世の中に「ミスをする人」と「ミスをしない人」がいるのはなぜでしょう？　実はこの分類の仕方が間違っているのです。「ミスをする人」と「ミスをしない人」ではなく、**「ミスをする人」と「自分のミスに気づける人」の２種類**なのです。

「カップケーキを６人分作ろうとして砂糖を1.8キログラム用意して、何かおかしいわねとレシピ本をもう一度見直す人」「鍵をかけ忘れて家を出て、途中でおかしいと気づいて引き返す人」――こうした人たちが「自分のミスに気づける人」です。

ではどうしたら自分のミスに気づける人になれるのでしょうか？　一般的なミスについては後述するとして、ここでは「ケタの取り違え」に限定してお話ししましょう。

大切なことは「日常生活の中で学ぶ機会を設ける」ということです。できれば「また勉強の話？」と拒絶しないような子どもに育てるのが理想です。でももう「そう育っちゃったのよ。どうしてくれんの？」という方もいらっしゃいますよね。そういう方に有効な手段がたった1つだけ残されているのです。

それは**「お金の計算を子どもにさせる」**ことです。いくら勉強嫌いでも「お金が嫌い」な子どもはいませんよね。「お金の計算」は**「量感」**を鍛えるのにとても効果的な方法なのです。

125円に75円を足したらいくら？
4008円の半分はいくら？
480円の品物の消費税はいくら？

計算問題をこのように聞き換えてあげると、子どもたちの「ケタの取り違えミス」はグッと減ります。さらに日常生活の中でお金の計算をさせる機会をたくさん設けてあげると、単純な計算ミスはかなり減らせます。消費税などの計算にも慣れさせておけば、小5で習う「割合の問題」はスラスラ理解できます。

子どもたちが「日常生活の中で学ぶことが、学校や塾での勉強にも役立ってかえって楽なんだ」とわかれば、「また勉強の話？」とは言わなくなるでしょう。一石で三鳥も四鳥も得られるなんて、素晴らしい方法ですよね！

MIYAMOTO METHOD
ケアレスミスをなくす「宮本メソッド」3

↓

お金の計算で「量感」を鍛えろ！

case04

2ケタ×2ケタは筆算を使うな！

Q4

うちの子、２ケタ×２ケタの計算ミスをいつもやるんです。改善方法はありますか？

前項までで、「どうやら筆算はやらないほうが無難らしい」ということがそろそろご理解いただけたのではないかと思います。実はこのお悩みの２ケタ×２ケタについても、筆算を使わずとも計算できてしまいますので、その方法を学んでいきましょう！

その方法とは**「ハーフ暗算」**（私が命名しました！）と呼ばれる、半分書いて半分暗算するというものです。

ではまず手始めに「65×24」という２ケタ同士の計算問題を考えてみます。２ケタ同士のかけ算でも、片方が５の倍数の場合は、次のように「分配法則」を使って結構簡単に解くことができます。

$$65 \times 24 = 65 \times (20 + 4) = 65 \times 20 + 65 \times 4$$
$$= 1300 + 260$$
$$= 1560$$

このとき　$65 \times 2 = 130$　は暗算で解かなければなりませんが、15×2 や 35×2 といった２倍の数は覚えてしまってもよいでしょう。

もし　65×4　を計算したければ次のような手順で考えていけばいいのです。

$$65 \times 4 = 65 \times 2 \times 2$$
$$130 \times 2 = 260$$

65×6　や　65×8　なども同様に

$$65 \times 6 = 65 \times 2 \times 3$$
$$130 \times 3 = 390$$

$$65 \times 8 = 65 \times 2 \times 2 \times 2$$
$$260 \times 2 = 520$$

ね。簡単でしょ。

先ほどの計算は、片方が５の倍数でしたので、計算しやすかったのですが、5の倍数とか2の倍数とかではない場合はどうしたらいいのでしょう？

ここでは私が考案した**「ハーフ暗算筆算」**がとても有効ですので、そのやり方をお教えすることにします。

「37×79」という計算をしたいときにはまず、37と79を以下のように分解します。

37 = 30 + 7

79 = 70 + 9

そうしたら以下のように、線の部分をかけ算していくだけです。

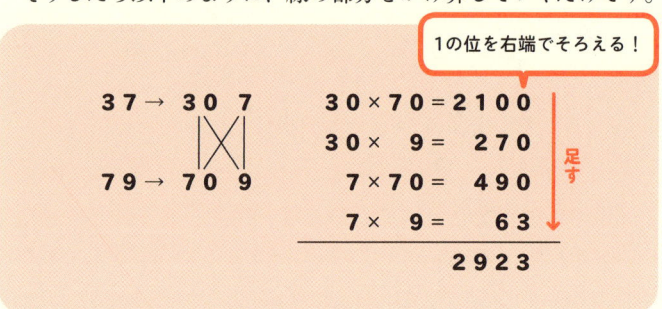

1の位を右端でそろえる！

37 → 30　7	30×70＝2100
	30×　9＝　270
79 → 70　9	7×70＝　490
	7×　9＝　　63
	2923

足す

最後に出てきた数字を合計すれば、計算完了です。

実はこのやり方、中学数学の「因数分解」という単元で習う「たすきがけ」という手法を応用したものです。保護者の方の中には「中学受験は経験ないから、子どもに中学受験算数を教えるのは無理」とあきらめてしまう方もいると思いますが、「たすきがけ」なら習ったことがあるはずですので心配いりません。まずは保護者の皆さんがマスターして効果を実感してください。

学校で習う筆算にはさまざまな「ケアレスミスを誘発するポイント」が隠されています。そのため子どもたちの多くは、計算ミスの多くを筆算中に起こしているのです。筆算とは本来複雑な計算を簡単に解くためのツールなのですが、その便利な道具を使用中にミスをしてしまうなんて、なんとも皮肉な話です。

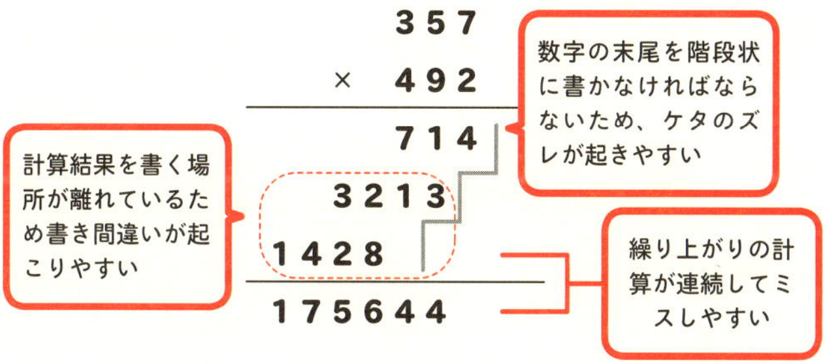
357
× 492
714
3213
1428
175644
数字の末尾を階段状に書かなければならないため、ケタのズレが起きやすい
計算結果を書く場所が離れているため書き間違いが起こりやすい
繰り上がりの計算が連続してミスしやすい

このように筆算はミスしやすいようにできているですが、宮本流「ハーフ暗算筆算」は、**1の位を右端でそろえて書くことによって、「位取りのミス」を減らす効果**があります。また「繰り上がり計算」を繰り返す必要がないため、計算ミスをおかす可能性を減じる効果が期待できます。

ぜひともこの**「ハーフ暗算筆算」**をマスターして、「2ケタ×2ケタ」の計算ミスを確実に減らしていきましょう。

MIYAMOTO METHOD

ケアレスミスをなくす「宮本メソッド」4

↓

「ハーフ暗算」でかけ算ミスを減らせ!

STOP a careless mistake

case05

割り算には絶対に間違えない方法がある

Q5

我が子は割り算が本当に苦手なのです。筆算を使ってもどうしても間違えます。ミスしない方法はないでしょうか？

case02 でも述べましたが、割り算の筆算は「計算ミス」の宝庫です。ケアレスミスをなくすのに最も簡単かつ有効な方法は「ミスを誘発する方法は使わない」ことです。ミスをしやすいやり方を避ければ、当然、ケアレスミスを減らすことができます。すなわち、割り算のミスを減らしたければ、割り算の筆算という方法を用いないに限るということになります。

人間工学の世界では「人間はミスをおかすもの」という考え方が基本原則になっています。この基本原則に立てば、ミスをおかしやすい方法や構造を避けるというのは、人間工学的に言って当然のことでしょう。たとえばオートマチック車のエンジンはフットブレーキを踏んでいないとかからない構造になっていますし、電子レンジは扉が閉まっていないと作動しない仕組みになっています。最初から構造的に「ミスを誘発しない」手順となっているわけです。

しかし「学習」に関しては、どうしてもその方法を学ばなければならない場合があります。「割り算」がそれにあたります。「割り算」を学ばずに算数を学習することは難しいです。

そこでこの項では「割り算の筆算」は計算ドリルなどで最低限練習をしてもらいながら、別の方法をお教えしたいと思います。それが**「割り算→分数変換法」**という方法です。

ところで皆さんの中には小学生の頃、分数が苦手で算数が嫌いになったという方も多いのではないでしょうか？　なぜ簡単なはずの分数が、そんなに難しく感じられたのか？　それは小学校での教育方法に問題があると私は考えています。

簡単に言いますと、小学校では、分数の計算方法の習得に重きが置かれており、「分数」そのものの本質的理解を子どもたちにさせる時間はほとんど取られないことが原因であるということです。計算練習ばかりでは面白みはありません。それが分数嫌い、ひいては算数嫌いにつながっていくことになるのです。

では「分数の本質」とはいったい何でしょうか？　具体的な数字を使って説明しましょう。「３分の１」とはどういうことかと言うと、「３つに分けたうちの１つ」という意味です。240cmの「３分の１」は「240cmを３つに分けたうちの１つ」ですから

240cm ÷ 3 = 80cm

と答えが出せるわけです。これを分数のかけ算の形に直して

$$240\text{cm} \times \frac{1}{3} = 80\text{cm}$$

と計算してももちろんオッケーです。

分数の意味がわかったら、今度は「240 ÷ 3」という割り算を考えてみましょう。これは「240を3つに分ける」という意味ですよね。「3つに分ける」とはすなわち「3分の1」ということです。ということはこの割り算はこう変形できるわけです。

$$240 \div 3 = 240 \times \frac{1}{3} = \frac{240}{3}$$

あとは約分をして計算すればすっきり解くことができます。

もう少し複雑な割り算でやってみましょう。

$$576 \div 192 = 576 \times \frac{1}{192} = \frac{576}{192}$$

上下を「2」でどんどん約分していけば、答えが「3」と出てきます。計算の難易度的には、「2で割る」だけですから、暗算でも十分正解できます。必要な計算の難易度を下げてやることで、確実に計算ミスを減らすこともできます。

このやり方こそ実は**「割り算→分数変換法」**です。この方法は、答えが小数になるような場面でも有効です。

$$54 \div 135 = 54 \times \frac{1}{135} = \frac{54}{135}$$

あとは上下を「3」でどんどん約分していけば、答えが「5分の2」となります。すなわち「0.4」ですね。

このように子どもたちが苦手な「小数解」も、**「割り算→分数変換法」**で回避することができます。

さらに割り切れない場合にもこの**「割り算→分数変換法」**はものすごく威力を発揮します。たとえば次の場合です。

$$216 \div 324 = 216 \times \frac{1}{324} = \frac{216}{324} = \frac{2}{3}$$

108で約分

もちろん（108で約分）のところは、2や3で少しずつ約分していっても構いません。

割り算はすべて分数に直し、スッキリ計算することをおすすめします。

MIYAMOTO METHOD
ケアレスミスをなくす「宮本メソッド」5

↓

分数に変換して割り算ミスをゼロにせよ！

STOP a careless mistake

case06

「倍数マスター」は計算ミスしない

Q6

うちの子、簡単なかけ算・割り算でミスするんです。何かうまい克服法ってありませんか？

子どもたちの中には、「$13 \times 3 = 49$」などと、簡単なかけ算でも間違えてしまう子がいます。特に普段から繰り上がりミスなどのケアレスミスの多い子は、常に「今日もまたミスするのではないか」とビクビクしていますので、必要のないところで繰り上げてしまい、上記のような計算ミスをしてしまうのです。

第5章で詳しく述べますが、実はケアレスミスに対して保護者の皆さんが過剰に反応して、「次のテストでは絶対にミスしたらダメよ！」などとプレッシャーをかけますと、かえって簡単なミスを増やしてしまうものなのです。結果、「必要もないのに繰り上げてしまう」ミスが誘発されます。

こうした「不要な繰り上げミス」をなくすには、いったいどうしたらよいのでしょうか？　実はものすごく有効な方法が存在します。それが**「素数倍数マスター」**です。

「素数倍数マスター」とはいったい何なのでしょう？　たとえば冒頭のかけ算の場合、13の倍数を覚えている生徒は絶対に間違えたりしません。なぜなら13の3倍は39だと知っているからです。「そんなの当たり前じゃん」と思われるかもしれませんが、それが実はとても大切なことなのです。

素数の倍数を頭に入れていると、「13×3＝49」などとつい計算ミスしてしまっても、すぐに「あれ？　おかしいな？」と気づけるでしょう。この「ミスしていることに気づける」ことは、ミスをしない体質になるにはとても重要なことです。

case03でもお話ししましたが、世の中には「ミスはしないわけではないが、自分がミスしていることに気づいて修正できることが多い」という人がいますよね。「家の鍵をかけ忘れて出て、駅まで行く途中で違和感を感じて引き返した」とか「伝票の計算を終えたがなんとなく嫌な感じがしたので検算したら、やはり間違えていた」といった経験ですね。私はこうした人たちを「ミスに対する嗅覚が鋭い人」と呼んでいます。「ミスに対する嗅覚が鋭い人」は、ミスをしても修正できるので、そのミスが大事に至ることはありません。**「素数倍数マスター」**になることで、自らを「計算ミスに対する嗅覚が鋭い人」にすることが可能なのです。

では割り算ではどうでしょう。

$$51 \div 85 = 51 \times \frac{1}{85} = \frac{51}{85}$$

前項で割り算は分数に変換して計算せよと習いましたね。しかし中にはここで行き詰まってしまう人も出てきます。この場合２でも３でも７でも約分できない……。すると子どもたちは途方にくれます。そして「やっぱり無理だあ」と、筆算を始めてしまいます。ここでも**「素数倍数マスター」**が役立つのです。この場合は51も85も「17の倍数」であることから、簡単に約分することができます。

ではどんな素数の倍数を覚えればよいのか。おすすめは以下の数字です。

11の倍数＝11・22・33……121・132・143……
13の倍数＝13・26・39・52・65・78・91……
17の倍数＝17・34・51・68・85・102……
19の倍数＝19・38・57・76・95・114……

皆さんの中には、「え？　結局暗記？」と思って拒否反応を示す方もいらっしゃるでしょう。しかし私はあえて申し上げたい。世の中の「試験」と呼ばれるもののほとんどは、実は「暗記力勝負」なのです。子どもたちに将来、手に職をつけさせたいとお思いでしたら、「暗記」を避けて通らせてはいけません。

また、素数ではなくても、普通の数字の倍数を覚えておくと有効なものもたくさんあります。たとえば「12の倍数」「15の倍数」「16の倍数」「18の倍数」「24の倍数」などです。
「3.14」の倍数や「平方数」といったものも、覚えさせてしまいましょう。「平方数」とは以下のような数字です。

こうした数字が頭の中に入っている生徒は、ほとんど計算ミスをすることはありません。ぜひがんばってみてください。

［ **平方数** ］

11 × 11 ＝ 121	12 × 12 ＝ 144
13 × 13 ＝ 169	14 × 14 ＝ 196
15 × 15 ＝ 225	16 × 16 ＝ 256
17 × 17 ＝ 289	18 × 18 ＝ 324
19 × 19 ＝ 361	20 × 20 ＝ 400
21 × 21 ＝ 441	22 × 22 ＝ 484
23 × 23 ＝ 529	24 × 24 ＝ 576
25 × 25 ＝ 625	

MIYAMOTO METHOD
ケアレスミスをなくす「宮本メソッド」6

↓

計算ミスを0にしたければ素数の倍数を暗記せよ！

case07

繰り上がりはかたまりで計算せよ!

Q7

うちの子、繰り上がりがからむとどうしても計算ミスをしてしまうのです。どうしたらよいでしょう?

かけ算や割り算が克服できても、「安心」というわけにはなかなかいきません。足し算・引き算にも、計算ミスの魔の手がたくさん潜んでいるからです。

足し算での計算ミスをなくすには、やはり数字の大きさの感覚、すなわち「量感」を養うことがとても大切です。子どもたちはよく「37 + 59」のような繰り上がりの計算を「86」というように、繰り上がりを忘れて計算してしまうというミスをおかします。これは「ポカミス」などと呼ばれ軽視されがちですが、実はこうしたミスをおかす子どもたちは、全般的に算数でのミスが多く、成績が上がりにくい状況にあるのです。

case03でも述べましたが、算数は「量感」を大切にする学習です。量の感覚が十分養われている生徒は算数が得意科目となりますが、量感が培われていない生徒はケアレスミスも多く、算数が不得意科目である場合が多いのです。そしてこの「量感」と密接なかかわりがあるのが、「足し算における繰り上がりミス」と、次項で扱う「引き算における繰り下がりミス」なのです。

「量感」の乏しい生徒は、「37 + 59 = 86」とやってしまっても、何の疑問も持ちません。何の疑問も持たないため、自分のミスにも気づきません。中にはミスを指摘しても「ふ～ん」とほとんどリアクションを示さない子どももいます。ところがこうした子どもたちでさえ、お小遣いの計算やお菓子の数の計算などでは、繰り上がりミスの確率がグッと減るのです。つまり、「量感」とは日常生活の中に息づいている感覚であり、具体的なイメージを伴ったものであると言えます。

算数の得意な子は、学習の中に出てくる数字に具体的なイメージを持つことができるため、計算ミスもあまりしないのでしょう。算数の苦手な子や計算ミスをしがちな子は、「お勉強」と「日常生活」を切り離してとらえていることが多く、そのため算数の世界に具体的なイメージを持てないでいるのです。

こうした「量感」の乏しい子どもたちには、どのように学習をさせたらよいのでしょうか？　私はこれを克服するために、ぜひ**「かたまり足し算」**という方法を取り入れてほしいと考えてます。これは小学校低学年でも習う「概数計算」を簡単な言い方に直したものです。つまり「およその数で計算する」ことをやってみるのです。

たとえば「324＋489」という計算を考えてみましょう。このような「３ケタ＋３ケタ」の計算をする場合、たいていの子どもたちは（大人たちも）、筆算を使いますよね。ところが筆算を使うと、下に示したように、繰り上がりミスをしやすいポイントが存在し、危険です。

そのため私は生徒には絶対に筆算をさせないようにしています。筆算を使わないことで「量感」も養われ、一石二鳥なのです。

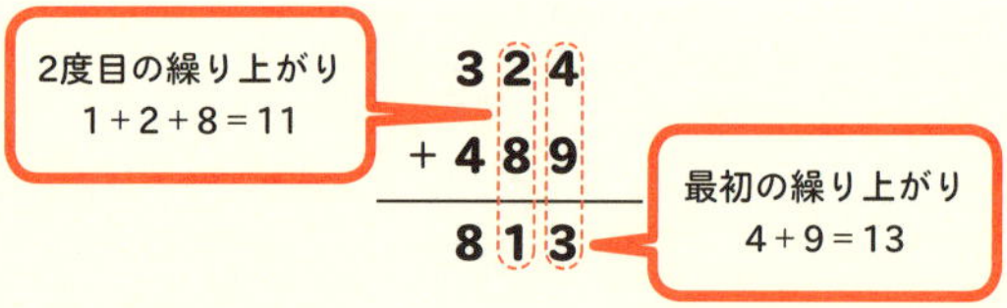

「かたまり足し算」を取り入れた、繰り上がりミスをしないための計算方法は以下のとおりです。

まず324をおよその数にします。約300ですね。次に489もおよその数にします。約500です。この二つの概数を足し算します。800になりますね。これくらいは暗算で十分できるでしょう。ということは、答えは800に近い数字ということになります。つまり自分の計算が800に近くなければ、計算ミスをしているということになります。これが**「かたまり足し算」**です。

「かたまり足し算」で答えの目星をつけたら、以下の手順で（できれば暗算で）計算を行ないます。

$$
\begin{aligned}
324 + 489 &= (300 + 20 + 4) + (400 + 80 + 9) \\
&= (300 + 400) + (20 + 80) + (4 + 9) \\
&= 700 + 100 + 13 \\
&= 813
\end{aligned}
$$

もちろん、こんな面倒くさいことなどしなくても答えの目星がついているのですから、普通に計算しても構いません。頭の中で「324 + 489 = 713」としてしまっても、**「かたまり足し算」**によって答えが800であることがわかっているのですから、「あ、繰り上がりミスした」と気づいて答えを修正すればよいだけです。場合によっては「24 + 89 = 113」と下２ケタのみを計算し、答えの下２ケタに800を付け加えて「813」としても構いません。最初に**「かたまり足し算」**で答えの目星をつけることが大切なのです。

MIYAMOTO METHOD
ケアレスミスをなくす「宮本メソッド」7

「かたまり足し算」で繰り上がりミスを減らせ！

STOP a careless mistake

case08

繰り下がりミスには アメリカ式が効く

Q8

繰り下がりがからむと、うちの子、頭がこんがらがってしまいます。どうしたらいいですか？

1256 − 579 という計算を考えます。

$$\begin{array}{r} 1\,2\,5\,6 \\ -\quad 5\,7\,9 \\ \hline 6\,7\,7 \end{array}$$

3回連続で
繰り下がりの計算を
しなければならない

このように引き算には、ケアレスミスを誘う罠が連続して仕掛けられているのです。まともにぶつかっていけば、当然ミスをする確率も上がりますよね。

ところでアメリカでは、おつりの出し方が日本のそれと異なっているってご存知ですか？　たとえば日本で672円の買い物をして千円札を出したとします。日本人ならおつりは「1000

－672＝328円」と計算しますよね。

ところがアメリカ人は違います。6ドル72セントの買い物をして10ドル紙幣を出したとしますね。彼らはまず、1セントコインを3枚出します。すると買い物金額と合わせて6ドル75セントになりますね。そうしたら25セントコインを1枚出してきます。すると買い物金額と合わせて7ドルちょうどになる。そこで2ドル紙幣と1ドル紙幣を1枚ずつ出してくる。ほ〜ら10ドルになったでしょ。

アメリカ人はおつりの数え方に**「補数」**の考え方を導入しています。**「補数」**とは、ある数字に足すと、ちょうどキリのよい数字になる数字のことなのですが、言葉では少々わかりにくいので、実際に具体例で説明しましょう。

たとえば4の補数を求めてみます。

4＋□＝10　のとき　□＝6　だから
「4の補数は6」となります。

28＋□＝100のとき、28の補数は……72
86＋□＝100のとき、86の補数は……14

というわけです。

アメリカの人たちはおつりの計算を間違いなく行なうため

に、ミスをしやすい引き算ではなくて、**「補数」**という足し算の応用を用いているわけです。実に合理的ですよね。私たちもアメリカの人たちにならって、**「補数」**を使って引き算をスッキリ簡単に計算するとよいと私は考えます。そのやり方を「645 − 487」という計算を例に挙げて説明していきましょう。

まず「487」のうちの「87」の補数を考えます。「87」の補数はいくつですか？　そう、13ですね。ということはすなわち、487は13を足せば500になるわけです。

そこで「645 − 487」をこんなふうに計算するのです。

645 − 500 = 145（これだと13多く引いちゃった）
145 + 13 = 158

どうですか？　繰り下がりの引き算がグッと易しくなったように感じられませんか？

もう少し大きな数字でもやってみましょう。本項の最初に出てきた引き算「1256 − 579」を、「補数」を使って計算するとこうなります。まず引く数の「579」のうち「79」の**補数**を考えます。79の補数は21ですから、579に21を足したら600になりますね。あとは先ほどと同じように

1256 − 600 = 656（これだと21多く引いちゃった）
656 + 21 = 677

小数の引き算でも応用できます。「6.53 − 5.74」でやってみましょう。

まず引く数の「5.74」のうち、「0.74」の補数を考えます。74の補数は26ですから、5.74に0.26を足すとちょうど6になります。あとは同様です。

6.53 − 6 = 0.53（これだと0.26多く引いちゃった）
0.53 + 0.26 = 0.79

どうですか？　繰り下がりの引き算に筆算など必要ないって、ご理解いただけましたでしょうか？　お子さんの計算ミスをなくしたいと本気でお考えで、お子さんを算数が得意な子どもにしたいのであれば、今すぐ筆算の呪縛から、お子さんを解き放ってあげてください。そうすることできっと、「計算ミス」がグッと減ると思います。がんばりましょう！

MIYAMOTO METHOD
ケアレスミスをなくす「宮本メソッド」8

引き算は「補数」を考えろ！

case09

あめ玉は兄弟に分けさせよ！

Q9

我が子は「78を割ると6余る数を求めよ」という問題で必ず間違えるんです。どうすればいいですか？

中学受験算数の中で子どもたちが特に不得意とする分野に「整数問題」の分野があります。「整数問題」とは以下のようなタイプの問題を扱う分野のことです。

問1　3で割っても4で割っても2余る数を求めなさい。

問2　78を割ると6余る数を求めなさい。

「なるほど。確かにうちの子、苦手にしてる」と思い当たる保護者の方も多いはずです。解き方はなんとなくわかっているのだけれど、答えがどうしても合わないという子どもたちはいったいこのタイプの問題のどこを難しいと思うのでしょうか？

まず問1ですが、以下のようにして解いていきます。

「3で割っても4で割っても」という部分から、「3と4の公倍数」を求めます。最小公倍数は12ですので、「3と4の公倍数」は「12の倍数」となります。

（0） 12 24 36 48 60……

次に「2**余る**」という部分から、答えは「12の倍数に2を**足せばよい**」ことを導きます。すると答えは

2 14 26 38 50 62……

問2はこう解きます。

「78を割ると6**余る**」という部分から、まず78から6を**引きます**。78－6＝72と出てきますので、あとは72の約数を調べていけばよいことになります。

72の約数＝1、2、3、4、6、8、9、12、18、24、36、72

このうち6以下の数だと、割ったときに6は余らないので、答えは

8、9、12、18、24、36、72

となります。

ここで注目すべきは、問1も問2も「余る」とあるのに、片

方は足し算をして、片方は引き算をしなければならないことです。同じ表現なのに解法が違うため、子どもたちは混乱し、そして解法選択をミスして間違えるのです。

実は解法が異なる原因は、問題文の違いにあります。問１は「３で割っても」と、助詞が「で」であるのに対し、問２では「78を割ると」と、助詞が「を」となっているのです。式で書くとより明確になります。

問１　$\square \div 3 = \bigcirc \cdots\cdots 2$　$\square \div 4 = \triangle \cdots\cdots 2$

問２　$78 \div \square = \bigcirc \cdots\cdots 6$

問１では求める数が「割られる数」なのに対して、問２では「割る数」を求める問題であるため、余りを「足す」「引く」で解法が異なるわけです。

では混乱しないようにするにはどうしたらよいのでしょうか。大切なことは、どんな問題でも具体的なイメージを持たせるということです。

問２の場合は78個あるあめ玉を分けていくことを考えます。どんどん分けていって最後に６個余ったなら、分けた数は「78－６＝72個」になりますよね。こうして考えれば「この場合は引くのかな？　足すのかな？」なんて考える必要はなくなります。

一方「78個あるあめ玉を分けていくことをイメージすれば

いいんだよ」と伝えても、今ひとつ理解できない生徒も中にはいます。そうした子が一人っ子であることが圧倒的に多いことは、決して偶然ではありません。一人っ子は、兄弟で何かを分け合うという経験がまったくないため、そのように説明されてもピンとこないのです。

またお母さんがとても仕事のできる方の場合も、子どもの経験値が低いため理解に時間がかかることが多いようです。これはお母さんが子どものやるべきことを何でもやってしまうからですね。子どもがやるべきことは親が代わりにやってあげてはいけません。子どもの学びのチャンスを奪うことになってしまいます。

子どもにおやつをあげるときには、一人ひとりの分を取り分けてあげるのではなく、袋ごとあげて「兄弟で仲よく分けなさい」と言ってください。兄弟のいない場合は、「お母さんとお父さんと自分の分に分けなさい」と指示を出してあげると、「分ける」という経験を積むことができるでしょう。すると「約数」や「倍数」という概念も自然に身についていくと思います。

MIYAMOTO METHOD

ケアレスミスをなくす「宮本メソッド」9

↓

余りの問題はあめ玉で考えさせよ

STOP a careless mistake

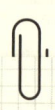

case10

字が汚いと還元算でミスをする

Q10

うちの子、□の入った式を解くことがまったくできないのです。どうやって訓練させたらよいですか？

還元算は多くの小学生が苦手にしています。

「小学生」と書いたとおり、実は中学生以降に還元算を苦手とする生徒はほとんどいなくなります。なぜならば、中学以降の数学では、□は出てくることはなく、いわゆる「一次方程式」と呼ばれるものに置き変わります。一次方程式ではたくさんの「計算のルール」を覚えさせられますが、その多くは単純明快で例外はまったくありません。それゆえ迷うことが少ないのです。

一方、小学算数の還元算のルールは一筋縄ではいかない部分があります。以下を保護者の皆さんも復習してみてください。

足し算とかけ算の場合

□ ＋ 12 ＝ 36 → □＝ 36 － 12

12 ＋ □ ＝ 36 → □＝ 36 － 12

□ × 12 ＝ 36 → □＝ 36 ÷ 12

12 × □ ＝ 36 → □＝ 36 ÷ 12

足し算とかけ算の場合は、□がどの位置にあっても「足し算の逆算は引き算」、「かけ算の逆算は割り算」となって、単純明快です。迷うことはまったくありません。問題は次の場合です。

引き算と割り算の場合

□ － 36 ＝ 12 → □＝ 12 ＋ 36……ア

36 － □ ＝ 12 → □＝ 36 － 12……イ

□ ÷ 36 ＝ 12 → □＝ 12 × 36……ウ

36 ÷ □ ＝ 12 → □＝ 36 ÷ 12……エ

アとウの場合は「引き算の逆算は足し算」、「割り算の逆算はかけ算」とわかりやすいですが、問題はイとエの場合です。どちらも厳密な意味での「逆算」にはなっていません。このことこそ、小学生にとって「還元算」が鬼門であるゆえんなのです。

還元算でミスをしないためには、この「逆算パターン」をしっかりと暗記し、間違えないように練習を積むことが大事です。

しかしながらそれ以外に大切なことがあるのです。それが「字をきれいに書く」ということです。

「え？　そんなの当たり前のことだし、還元算に限ったことではないのでは？」と皆さんが思われても不思議ではありません。確かに「字をきれいに書く」なんて、学習の基本中の基本の姿勢ですよね。

ところがです。実は還元算のケアレスミスの９割以上が、字の汚さに起因しているのです。逆に言うと、字がきれいな生徒で還元算が苦手な子はほとんどいません。

たとえばこんな問題を考えてみましょう。

$$\{16-(\square\times5-3)\}\div3=3$$

この還元算を解く場合、計算する順番に□で囲んでいき、逆算していけば答えが出ます。

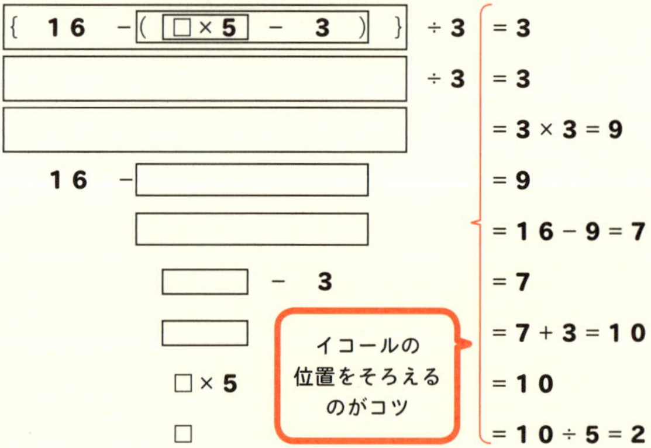

ところが、字が汚い生徒は、字を真っ直ぐ書くことができないため、還元算克服の最大のコツである「**イコールの位置をそろえる**」という作業や、一連の計算を大きな□で囲むという作業ができません。これではしっかりルールが頭に入っていても、ノーミスで還元算を解き切ることは難しいでしょう。

字が汚い生徒に字をきれいに書かせることは、簡単なことではありません。しかし以下の特徴がある子どもは字が汚いことが多いようです。

対処法

筆圧が強い　→ 4B などの濃い鉛筆を使用してみる
字の線が太い　→シャープペンシルを使用してみる
字がズレる　→ 5mm 方眼ノートを使用してみる
字が大きすぎる→ 10mm 方眼ノートを使用してみる
姿勢が悪い　→背中に 1m ものさしを入れてみる
目が悪い　→メガネを作ってみる

時間と根気のかかることですが、字の汚さは小学生のうちに直しておきたいものです。ケアレスミスを減らすためにも。

MIYAMOTO METHOD
ケアレスミスをなくす「宮本メソッド」10

還元算は背中にものさしを入れて解け

STOP a careless mistake

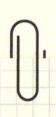

case11

よく似た2つの公式には注意せよ

Q11

うちの子、円の面積の公式と円周の長さの公式を混同してしまうのです。いつも単純なミスで困っちゃいます。

〔問題〕半径３㎝の円の周りの長さを答えなさい。

〔誤答例〕 3 × 3 × 3.14 = 28.26

円の面積の公式を使っている

careless mistake ケアレスミス

「公式取り違えミス」は、多くの子どもたちが悩まされるところですね。これに関しては「成績がよい」とか「算数が得意だ」といったことには関係なく、誰にでも発生するようです。しかもミスをおかしても気づきにくいのがこの「公式取り違えミス」の特徴です。なぜならば使用している場面が間違っているだけであり、公式そのものは間違っているわけではないからです。

「公式取り違えミス」は「円周の長さと円の面積の公式」だけでなく「平行四辺形と三角形の面積の公式」などでも起こりえ

ます。なぜこのような取り違えが起こるのか？　その原因は2つの公式がとてもよく似ているからにほかなりません。

円の周囲の長さ	=	半径	×	2	×	3.14
円の面積	=	半径	×	半径	×	3.14
平行四辺形の面積	=	底辺	×	高さ		
三角形の面積	=	底辺	×	高さ	÷ 2	

並べてみると、2つがとてもよく似ていることがわかりますね。

家で電話が鳴り、受話器を取って「はい、山川商事です」と勤め先の名前を答えてしまった経験があるかもしれません。これは「アクションスリップ」や「スキーマの混線」と呼ばれるヒューマンエラーの一種で、無意識下で起こるエラーです。そのメカニズムはこうです。

[会社での対応]
①電話が鳴る→②受話器を取る→③「はい、山川商事です」
[自宅での対応]
ⓐ電話が鳴る→ⓑ受話器を取る→ⓒ「はい、宮本です」

この2つの流れにおいて、前半部分がまったく同じであるために、ⓐ→ⓑ→③、と行動してしまうわけです。「オムレツを作っていたのにスクランブルエッグができてしまった」、「学校の先生に『お母さん』と声をかけてしまった」など日常生活の中でこうしたミスは非常によく起こります。

上記の問題の例でも

①円に関する問題だ→②円に関する公式を使って解こう
→③半径×2×3.14だ
ⓐ円に関する問題だ→ⓑ円に関する公式を使って解こう
→ⓒ半径×半径×3.14だ

という並行する二つの酷似した解法パターンにおいて、①→②→ⓒ、と「混線」してしまった結果のミスと言えます。この「混線」が起こるシチュエーションでは、次の3つの要因が存在します。

まず1つ目はプロセスが酷似していること、2つ目は最終プロセスが同種のものを対象としていること、です。2つ目はどのようなことなのでしょうか。たとえばスクランブルエッグの例ですと、オムレツとスクランブルエッグだから間違えるのであって、ホットケーキでは対象が違いすぎるので間違えないということです。3点目としては「半径×半径×3.14」と「半径×2×3.14」ではリズムが同じなので更に間違えやすさを助長していると言えます。

そこで先に挙げた例では、次のような対応策を講じることで、ミスをする確率をぐっと減らすことが可能です。それは円に関する公式を次のように、リズムを変えて覚えるということです。

円の面積	=	**半径×半径× 3.14**
円の周りの長さ	=	**直径× 3.14**

こうして覚えることによって、公式のリズムが変わります。リズムが変われば「混線」を引き起こす要因を減らせます。また公式の頭の部分で「半径」と「直径」という別の言葉を使用することで、とっかかりでの「混線」を防ぐことができます。

平行四辺形と三角形の面積の「混線」を防ぐには、以下のように覚えるとミスをぐっと減らせます。

平行四辺形の面積	=	**底辺 × 高さ**
三角形の面積	=	**平行四辺形の面積 ÷ 2**

こうすることで混同することはまずなくなります。また三角形の面積の公式の意味を理解することができますので、「÷２」をし忘れたりする別のミスも防げます。

もし混同しやすい公式に出会ったら、あえて作り変えてみるという工夫をしてみてはいかがでしょう？　自分で作った公式なら、絶対に忘れないでしょうから。

MIYAMOTO METHOD

ケアレスミスをなくす「宮本メソッド」11

↓

よく似た公式は別の形に作り変えよ！

STOP a careless mistake

case12

円周率3.14は間違えないコツがある

Q12

3.14がらみの計算はどうしても計算ミスをしちゃうんです。ミスしない方法ってありますか？

実はあるんです。3.14がらみの計算で、計算ミスをしない方法が！　この項に書かれていることをしっかり実践すれば、3.14がらみの計算で、もう二度と間違えることはありません。

3.14がらみの計算ミスが引き起こされる原因は明確です。すなわち「小数第2位まであって計算が複雑だから」です。小数第2位まである数字は、3ケタの数字と同じことです。「2ケタ×2ケタ」の計算よりも「2ケタ×3ケタ」の計算の方が、計算ミスをしやすいだろうことは想像に難くありません。

一方で3.14がらみの計算というのは、かける数字が3.14の1つだけです。他の3ケタの数字が出てくることはありません。そこでこれを逆手にとってしまうのです。すなわち3.14の計算の答えを覚えていってしまうわけです。

3.14の計算を間違えない生徒は、3.14のかけ算の結果を覚えてしまっていることがほとんどです。たとえば

6 × 3.14 = 18.74
32 × 3.14 = 100.58

計算ミス

careless mistake
ケアレスミス

などと計算ミスをおかしてしまっても、違和感を覚えて計算をし直し、ミスを修正することができるのです。そこで、3.14のかけ算の計算結果を覚えてしまうことをおすすめいたします。

1 × 3.14 = 3.14	2 × 3.14 = 6.28
3 × 3.14 = 9.42	4 × 3.14 = 12.56
5 × 3.14 = 15.7	6 × 3.14 = 18.84
7 × 3.14 = 21.98	8 × 3.14 = 25.12
9 × 3.14 = 28.26	10 × 3.14 = 31.4
12 × 3.14 = 37.68	15 × 3.14 = 47.1
16 × 3.14 = 50.24	18 × 3.14 = 56.52
20 × 3.14 = 62.8	24 × 3.14 = 75.36
25 × 3.14 = 78.5	36 × 3.14 = 113.04

上記以外にも「平方数×3.14」の計算結果は、円の面積問題に関係しますので覚えておくとよいでしょう。しかし暗記できれば「計算ミス」はなくなりますが、たくさんは覚えられません。**「1ケタ×3.14の段」**だけでも覚えてください。そ

して筆算を使うときに、書き方に少し工夫を加えるのです。すなわち

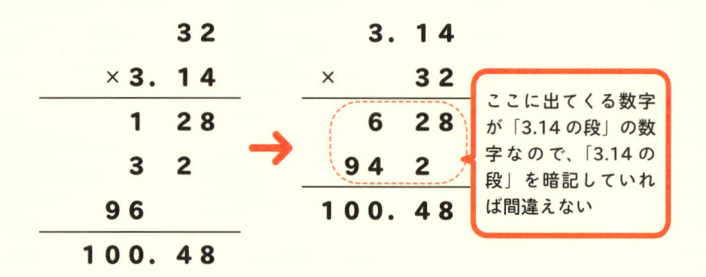

$$\begin{array}{r} 32 \\ \times 3.14 \\ \hline 1\ 28 \\ 3\ \ 2 \\ 96 \\ \hline 100.48 \end{array} \quad \rightarrow \quad \begin{array}{r} 3.14 \\ \times \quad 32 \\ \hline 6\ 28 \\ 94\ \ 2 \\ \hline 100.48 \end{array}$$

ここに出てくる数字が「3.14の段」の数字なので、「3.14の段」を暗記していれば間違えない

というように、「3.14」を上段に書くようにするのです。こうすればかけ算の結果がすべて**「3.14の段」**の数字になりますから、**「3.14の段」**さえしっかり覚えていれば、計算ミスのしようがありません。

また3.14がらみの計算問題では、式のまとめられるところはきちんとまとめて計算することも、ミスを減らす大切な工夫です。たとえば以下のような問題の場合について考えてみましょう。

〔問題〕右の図で色のついた部分の面積を求めなさい。

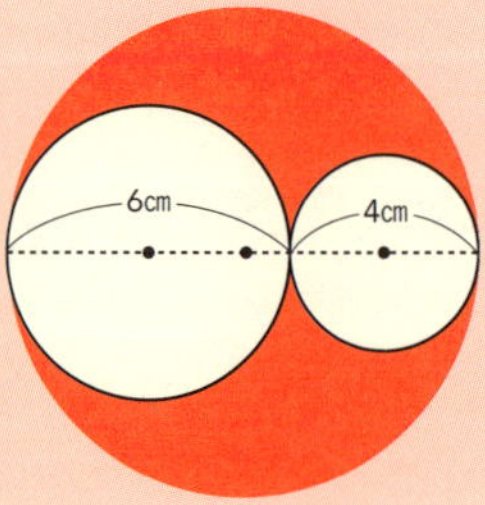

【悪い解法】

5 × 5 × 3.14 ＝ 78.5

3 × 3 × 3.14 ＝ 28.26

$$2 \times 2 \times 3.14 = 12.56$$

$$78.5 - 28.26 - 12.56 = 37.68$$

バラバラに計算していて効率が悪い

【推奨する解法】

$$5 \times 5 \times 3.14 - 3 \times 3 \times 3.14 - 2 \times 2 \times 3.14$$

$$= (25 - 9 - 4) \times 3.14$$

$$= 12 \times 3.14 = 37.68$$

しっかりまとめて
3.14の計算は１回で

「悪い解法」では3.14の計算を３回も行なった上、小数の引き算を２回行なわなければなりません。これではその途中で「計算ミスをするな」というほうが難しいですね。一方「推奨する解法」では分配法則を使って式を簡単にしているため、引き算も整数となり、しかも3.14の計算は１回ですんでいます。このほうが格段に計算ミスをする確率が低いのです。

分配法則は3.14がらみの計算のみならず、幅広く活用できる計算方法ですので、ぜひともマスターしておきたいですね。

MIYAMOTO METHOD
ケアレスミスをなくす「宮本メソッド」12

円の問題は「3.14の段」を暗記せよ！

STOP a careless mistake

case13

速さや食塩水の問題の典型ミスはこれだ！

Q13

うちの子、速さの問題でどうしても間違えてしまうんです。公式はしっかり頭に入っているのになぜでしょう？

「速さの問題」や「食塩水の問題」を苦手とする生徒は、一般的には非常に多いようです。

ところが私の塾に通う子どもたちの中に「速さ」や「食塩水」を苦手にする生徒はほとんどいません。この差はいったいどこからくるのでしょうか？

「速さの問題」と「食塩水の問題」には共通点があります。ともに３つの公式が並立して存在していることです。

〈速さの３公式〉

①速さ×時間＝距離

②距離÷速さ＝時間

③距離÷時間＝速さ

〈食塩水の３公式〉
①食塩水の量×濃度＝食塩の量
②食塩の量÷濃度＝食塩水の量
③食塩の量÷食塩水の量＝濃度

先生が「速さの問題」や「食塩水の問題」を指導するとき、最も注力する部分がこの「３公式」をいかに覚えさせるかだと思われます。公式を暗記させなければ問題を解けないからです。ところが似通った公式が３つもあり、子どもたちは「どの公式を使えばよいか」というところで悩み、結局は「速さの問題」や「食塩水の問題」が苦手となってしまうようです。

また「速さの問題」の場合、使用する「距離の単位」はキロメートル・メートルと２種類、「時間の単位」は時間・分・秒と３種類も出てくるため、「単位換算の問題」も同時にこなさなければならず、それも解きにくい要因となっているようです。「速さの問題」を苦手にしている子どもたちの状況を理解するために、こんな問題を考えてみましょう。

〔問題〕時速 54㎞で走る列車が、長さ 1.2 キロメートルのトンネルを通過するのに１分 36 秒かかりました。この列車の長さは何メートルですか。
〔解答〕まず時速 54㎞が秒速何ｍかを計算する。
54㎞＝ 54000 ｍなので
54000 ｍ÷ 60 分÷ 60 秒＝ 15 ｍ／秒

1分36秒は96秒なので
秒速15 m × 96秒 = 1440 m
1.2km = 1200 mなので
1440 m − 1200 m = 240 m

これだけごちゃごちゃと「単位換算」を繰り返し、かつ「速さの3公式」を使って問題を解くとなると、途中でミスをおかしてしまってもいたしかたないような気がします。

上記の問題の場合、たとえば　時速54km × 96秒　といった時速と秒をかけてしまうミスなどがとてもよく起こります。

1分36秒 = 1.36分 としてしまうミスもあります。

さらに、54km = 5400 m としてしまうミスもよくあります。同時多発的にミスが起きやすいのが、「速さの問題」や「食塩水の問題」なのです。

では私の塾ではこれをどうクリアしているのでしょう。実は私の塾では「速さの3公式」や「食塩水の3公式」は一切教えていないのです。

「え？　それで本当にミスしないの？」と疑問に思われた方もいらっしゃるでしょう。一般的には「公式を覚えて初めて問題が解ける」と考えられていますから、「公式を覚えさせない」なんてありえないことだと感じるのも無理ありません。

真相はこうです。「これが速さの3公式だ！」と教えることは確かにしていませんが、問題を解かせることを通じて、公式を自然と身につけさせているということなのです。

たくさんの問題を解かせていくと、子どもたちは「速さの３公式」を知らなくても、自然と公式が使えるようになっていきます。そうすると「公式はどれを使ったらいいんだろう？」と悩むこともありません。なにしろ「３公式」自体を知らないのですから。まったく逆説的ではありますが、「教えない」ことでかえってミスを減らすこともあるのです。

もう１つ「速さ」の問題でミスを回避する方法があります。それは「式に単位をつける」というやり方です。式に単位をつけると、計算結果が何を表しているのか明確になるばかりでなく、間違いを発見するのにもとても役立ちます。たとえば「時速54km×96秒」という間違いの場合、「54×96」とだけしか書かれてなければ、間違いを発見することはほぼ不可能です。しかし「時速54km×96秒」と書かれていれば、「あれ？　なぜ時速と秒をかけ算しているんだろう？」という疑問が生じ、自分のミスを発見できるのです。

「式に単位をつける」のは時間がもったいないという理由で反対する先生が多いようですが、たった数秒を惜しんだ結果、ミスで失点するほうがよっぽどもったいないと私は思います。

MIYAMOTO METHOD

ケアレスミスをなくす「宮本メソッド」13

「速さ」や「食塩水」の公式はあえて覚えさせるな！

case14

子どもにはガンガン落書きをさせよ

Q14

うちの子、図形問題が苦手で本当に困っているんです。どうしたら得意になるでしょう？

算数は得意科目なのに図形問題になるとたんに正答率が下がってしまう、そんな生徒は決して少なくありません。私自身も小学校５年生くらいまではそうでした。では私はどうやって克服したのでしょうか。

私はそのとき父親から指摘を受け、とにかく問題文の図をノートに片っ端から描くようにしてみたのです。もちろん描くようにしてすぐに効果が出たわけではありませんでしたが、図を描くに従ってどんどん作図は上達していきました。それに伴って、図形問題に対する苦手意識も徐々に払拭され、半年後くらいには逆に、図形問題が得意になっていたのです。

「図形問題が苦手」と思っている多くの受験生は、「図形問題が苦手」なのではなく「図形を描くのが苦手」なのではないでしょうか。図を描くことが下手なため、図形問題に対して苦手意識を抱いてしまっているだけのような気がします。いわば「食わず嫌い」の状態ですね。それが証拠に私の塾にやってくる図形が苦手な生徒のほとんどは、毎回の授業や宿題で問題文の図を描き写すことで、苦手を克服して卒業します。図形問題が苦手なまま卒業していく生徒もいますが、そうした生徒はみな、図を描くことを面倒くさがり嫌がっていた者ばかりです。

特に最近の小学校では図を描かせることをきちんと行ないません。そのため図を描くのが上手な子と下手な子との格差が、以前の子どもたちに比べて大きくなったと感じます。小５で「平行線」が描けない子もいて、びっくりしたこともあります。平行線が描けないと平行四辺形や直方体なども正確に描けないので、図形問題全般の理解に重大な影響を及ぼしてしまいます。

また図を描き慣れていないと、塾や学校の先生の板書を正確に写せないということが起こります。すると、授業のほとんどを理解できていないことになり、成績も当然上がりません。

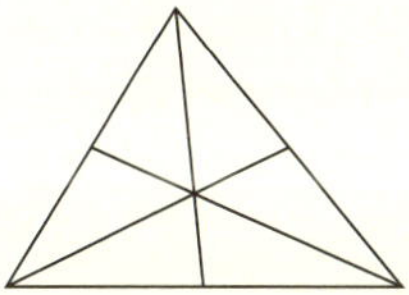
先生の板書

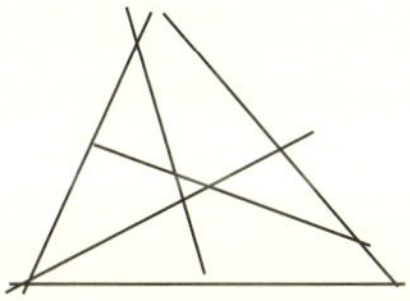
図の下手な生徒のノート

図がこのようになってしまうと、もはや図の意味をなしていませんし、先生の解説を聞いても理解や納得は得られにくいでしょう。図形問題が苦手である生徒はノートにほとんど図を描いてなかったり、描いてあったとしても非常に下手であったりすることが多いです。保護者の皆さんにノートチェックをしていただくと、一目瞭然かと思います。

では図が下手な生徒は「図形問題」を克服できないのでしょうか？　中学受験で求められる図形描画レベルはそれほど高くありません。多くの方が教習所に通い、車の免許を取り、車の運転ができるようになりますよね。求められている能力は飛行機の操縦ではなく、車の運転レベルのものです。地道に訓練すれば１～２週間で図を上手に描けるようになるはずです。そのあと毎授業時と宿題をやるときに図を描き続けていれば、長くとも半年で図形問題の苦手を克服することが可能となるでしょう。もう小６で「受験までに間に合わない」と思っている方も、あきらめずにお子さんに「問題文の図をノートに描く」ことを実践させてみてください。きっと間に合いますから。

お子さんがまだ小５以下なら、今のうちに数多くの図を描かせておくべきです。落書き帳に自由に描かせてもいいですし、塾のテキストに載っている図を片っ端から描き写していくのもよいでしょう。私は一時期、立方体に陰影をつけてカッコよく描くことにはまっていました。歴史上の人物にヒゲをつけたりするくらいなら、立方体や直方体を落書きするほうが有意義だと思います。

以下に図形の描き方のコツをお教えしますので、参考にしてください。作図こそ算数の第一歩です。がんばりましょう！

〈直方体の描き方〉

①平行四辺形を描く　②長方形を描く　③平行四辺形を描く

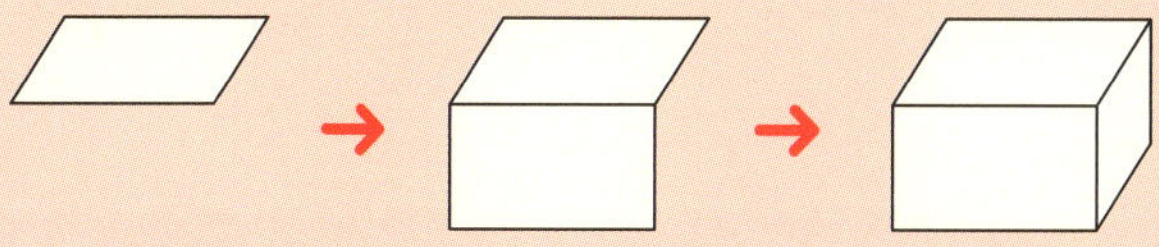

〈正八面体の描き方〉

①平行四辺形を描く　②上下に線分を取る　③平行四辺形を2つ描く

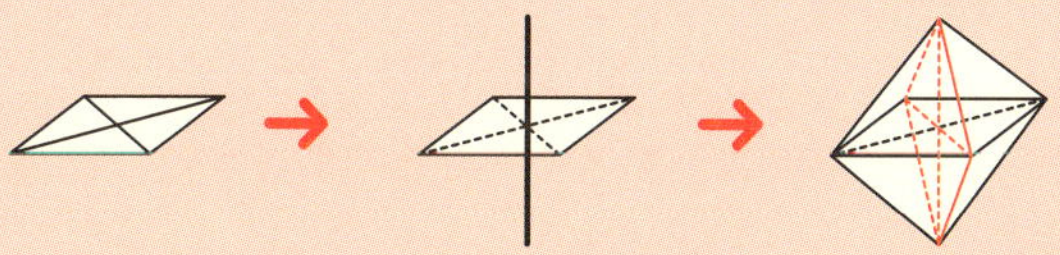

MIYAMOTO METHOD
ケアレスミスをなくす「宮本メソッド」14

「図形問題」を克服するなら作図をさせよ！

STOP a careless mistake

case15

相似の問題は「この瞬間」にミスをする

Q15

我が子、何度言っても相似の問題の同じところでケアレスミスをするのです。まったく困り果てています。

ケアレスミスというものは、子どもたちがどこでミスをするのか、だいたい決まっているものです。ミスしやすいポイントが限られているのであれば、そのミスしやすいポイントをしっかり押さえさせて、ケアレスミスをなくしていくことは、決して無理難題ではないと私は考えています。

受験の世界で「ケアレスミス」と呼ばれているものは、一般社会では「ヒューマンエラー」と言われ、科学的メスがかなり入れられています。特に機械工業の世界では「人間とはミスをする生き物である」という**「人間工学」**の基本的な考え方により、最初から操作ミスをしにくいつくりの製品を製造するように努力されています。

たとえば電子レンジは内部に電磁波が飛び交い危険であるため、扉を開けたままではスタートボタンが反応しない仕組みになっています。またオートマチック車はブレーキを踏んでいないとエンジンがかかりません。このように「人間はケアレスミスをするものである」という**「人間工学」**の前提に立てば、あらかじめミスをしないような構造にすることで「ケアレスミス」を減らすことは可能でしょう。

こうした**「人間工学」**の考え方に基づき、受験生たちのケアレスミスを減らす試みこそ、**「人間工学的ミス回避法」**なのです。大切なことは「子どもたちが間違えやすい部分」とはいったいどこなのか、指導者の側がしっかりと把握しておき、子どもたちがその部分に差しかかったときに、ミスをおかしにくい解法を的確に提示してあげることが肝要です。

「相似な図形」という単元において子どもたちがミスをしやすいポイントは決まっています。それは以下の２つです。

〔問題１〕　右の図でＡＥ：ＥＤ＝２：３のとき△ＦＢＣと△ＦＤＥの相似比を求めなさい。

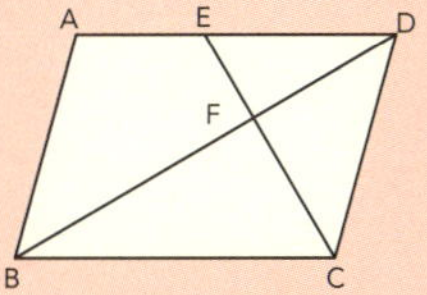

careless mistake
ケアレスミス

〔ミス解答〕

３：５ 逆に書いている　**（正しくは５：３）**

人は数字や文字などを上から下へと読むのに慣れており、順番を逆にされるとミスをおかしやすくなります。この問題の場合、△ＦＢＣと△ＦＤＥでは△ＦＢＣの方が下に書かれているため、比を書くときも下の数字から先に書かなければならないのですが、子どもたちはつい上から書いてしまい、間違えてしまいます。非常によくある典型ミスの１つです。

これを回避するには、子どもたちに必ず答えだけでなく、求められているもの、すなわち「△ＦＢＣ：△ＦＤＥ＝」を書くように指示を出すのです。こうすれば解いている子どもたちも、「あ、求められている比は△ＦＢＣのほう（下のほう）が先なんだ」と確認ができるので、ケアレスミスをグッと減らせます。

〔人間工学的ミス回避法〕

△ＦＢＣ：△ＦＤＥ＝５：３

ここを書く！

では、次の問題はどうでしょうか。

〔問題２〕　右の図でＡＤ：ＤＢ＝２：３のとき、△ＡＤＥと△ＡＢＣの相似比を求めなさい。

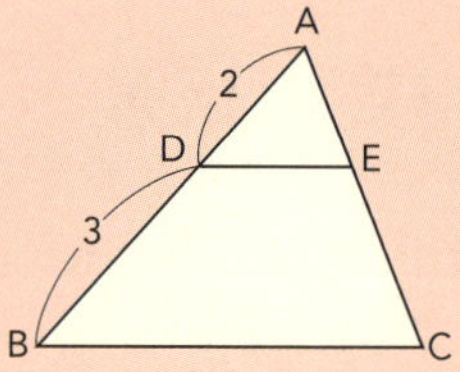

careless mistake
ケアレスミス

〔ミス解答〕

２：３　足してない！　**（正しくは２：５）**

これも大変よくやってしまいがちなミスです。

このミスを回避するには、比の数字をきちんと図に書き込むことが重要となってきます。図に書き込むことで、「この比の取り方は何かおかしい」と必ず気づきます。

〔人間工学的ミス回避法〕

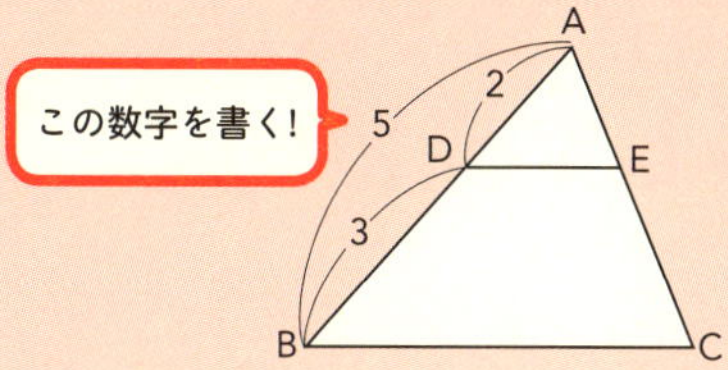

この方法には欠点が1つあります。電子レンジやオートマチック車にはミスを回避するシステムが自動的に組み込まれているため、私たちは何も考えずに使用することができます。しかし**「人間工学的ミス回避法」**は、問題自体にはそのシステムが組み込まれていないため、生徒たち自身が訓練によって獲得するしかないのです。地道な繰り返し練習こそが、ミスを回避する唯一の道であることを改めて認識してください。

MIYAMOTO METHOD
ケアレスミスをなくす「宮本メソッド」15

相似のミスは人間工学を応用せよ！

case16

単位還算ミスはこうして練習せよ

Q16

うちの子、単位還算をどうしても覚えられません。どうやって学習させたらよいのですか？

小学校では長さの単位を「cm（センチメートル）」から教えていきます。身の回りにあるものはだいたい「cm」で表すことができますから、「cm」を長さの導入として利用することを真っ向から否定することはできません。しかし一方で、単位の指導を「cm」から始めるために子どもたちはかえって混乱している、とも考えられます。

「cm」は確かに身近ですが、「c（センチ）」は実は、小学校で習う単位の中では特殊です。なぜなら「c（センチ）」は長さの単位にしか出てこないからです。特殊な単位から習い始めると、子どもたちは「単位還算」を体系的に学ぶことが難しくなってしまうため「単位還算」を苦手にする生徒が多いのではないかと私は考えています。「単位」の世界は、明確な国際基準が設けられていて、実はとてもわかりやすくできています。単位にはそれぞれ「接頭辞」というものがついていて以下のように定められています。

1000倍……k（キロ）	**10分の1……d（デシ）**
100倍……h（ヘクト）	**100分の1……c（センチ）**
10倍……da（デカ）	**1000分の1……m（ミリ）**

コンピューター用語でギガとかテラといった単語を耳にしたことがあると思いますが、あれも「接頭辞」の一種です。「メガ」が100万倍、「ギガ」が10億倍、「テラ」が1兆倍となります。

小さい方の単位では、「マイクロ」が100万分の1、「ナノ」が10億分の1、「ピコ」が1兆分の1となります。「ナノテクノロジー」とか「ピコアミノ酸」などという言葉がテレビのCMに出てきますよね。なじみはあるけれど実際にはどういう意味なのかご存じない方もいるのではないでしょうか。

「単位還算」に強くなるためには、まずはこの「接頭辞」のルールをきちんと理解することが重要です。特に「k（キロ）」と「m（ミリ）」ですね。これは「長さ」にも「重さ」にも「量」にも、すべてに出てきますから、ここをしっかりとおさえておくかどうかで、すべての「単位還算」の理解に影響がでてしまいます。

基本は簡単です。

1km《キロメートル》 = 1000m	**1m = 1000mm《ミリメートル》**
1kL《キロリットル》 = 1000L	**1L = 1000mL《ミリリットル》**
1kg《キログラム》 = 1000g	**1g = 1000mg《ミリグラム》**

基本をしっかりと覚えたら、あとは方眼ノートをうまく活用して、単位還算の練習を積むのみです。作業が重要ですから、子どもたちにもきちんと作業させてください。最初は面倒くさがってやらないと思いますが、最初が肝心です。

1.000	km	=	1000	m
3	km	=	3000	m
2.4	km	=	2400	m
0.08	km	=	80	m
13.8	km	=	13800	m

一番上にこれを書く

たての線を書いて位をそろえる

参考書や問題集の中には、これに「c（センチ）」を加えたものを載せているものもあるようですが、単位還算でのミスを克服したいのなら、まずは「k（キロ）」と「m（ミリ）」を克服させてください。いろんな単位をいっぺんに学ぶと、なかなか理解が安定しませんので。「k（キロ）」と「m（ミリ）」をしっかり定着させたら、そこで「c（センチ）」を入れていけばよいと思います。

「c（センチ）」をマスターさせる一番簡単な方法は、自分の身長を３通りの方法で言い表させることです。すなわち「142cm＝１m42cm＝1.42m」という具合にです。こうすると、自然に「１m＝100cm」という還算法が頭に入ります。

高学年になると面積の単位について学びますが、面積については、以下のように考えるとケアレスミスが減ります。正方形の面積を毎回考えさせるのです。

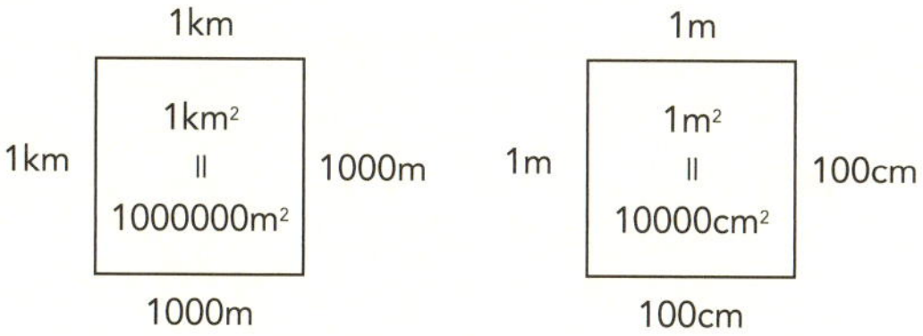

そして　1 km^2 = 1000000m^2　だと０が６個も続いて単位が離れすぎているので、その間に「ha（ヘクタール）」と「a（アール）」という２つの単位を挿入した、と考えるわけです。

1 km^2 = 100ha（０が２個）

1 ha = 100 a（０が２個）

1 a = 100m^2（０が２個）

容積の単位の場合も同様に、立方体の体積を求めることで単純暗記を回避します。単に「覚えなさい！」と言うだけではいつまでもミスの呪縛から逃れられません。ぜひとも工夫することを身につけさせてください。

MIYAMOTO METHOD

ケアレスミスをなくす「宮本メソッド」16

単位還算の克服は「k（キロ）」と「m（ミリ）」！

STOP
a careless mistake
METHOD

算数のケアレスミス攻略

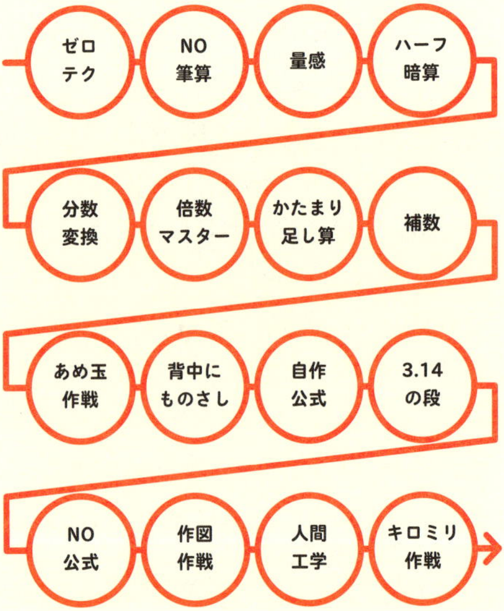

STOP
a careless mistake

PART 2

国語のケアレスミスをなくす方法

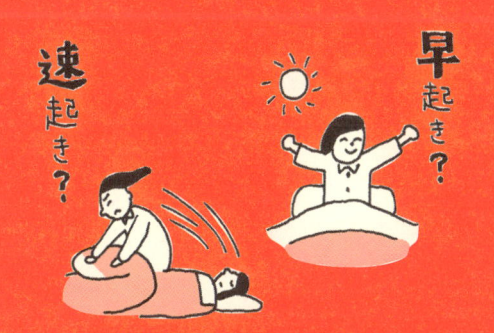

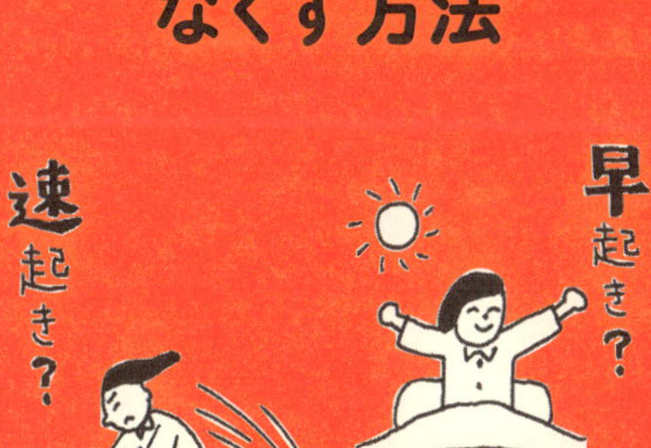

STOP a careless mistake

case17

「早い」と「速い」の書き分けができない

Q17

うちの子、いつも違う漢字を書いてしまうのです。どうやって直せばいいですか？

キカイ体操を学ぶ　→　奇怪体操を学ぶ

（どんなキッカイな体操なのだろう？）

古文書をハンドクする　→　古文書を半読する

（わからないから半分だけ読んだわけね）

コダチの中に分け入る　→　小太刀の中に分け入る

（そんなことしたら危ないよ！）

夜の遊園地は人気がない　→　夜の公園はにんきがない

（まあ確かに子どもたちは昼間のほうが好きだよね）

冗談かと思うような面白答案が続出するのが、漢字の書き取りや読み取り問題です。採点をしているとつい笑ってしまうこともしばしばあります。

しかし生徒たちはいたってまじめであり、保護者の皆さんにとっては切実な悩みでもあります。入試において「漢字の書き取りや読み取り問題」は最も簡単に得点を稼げるように感じられるため、点数が取れないとひどく落胆し、子どを叱責してしまうようです。

また**漢字の読み間違いミスは、読解問題にも大きく影響**してきます。先の例に出てきたように「ひとけがない」を「にんきがない」と読んでしまうと、文章のつながりがわからなくなったり、登場人物の心情を取り違えたりしてしまう可能性があるからです。漢字の練習を怠ると、国語力全体に影響を及ぼしてしまうことにつながるのです。

漢字練習をいくら積んでも「漢字が覚えられない」という生徒もいます。こうした子どもたちに漢字を覚えさせるには、いったいどのようにしたらよいのでしょう？　覚えるまで100回書かせよ、という乱暴な方法を提示する教師もいるようですが、私はこの方法には反対です。100回書いても覚えられない子どもは覚えられないでしょう。逆に覚えられる子どもは1回で覚えてしまいます。

でも「頭の構造が違うのね」とあきらめることなかれ。実は**「ものを覚える」のにはコツがある**のです。

皆さんは「鳴くよウグイス平安京」というゴロ合わせを知っていますよね。小学生時代に習ったこのゴロ合わせを今でも覚えているのはなぜでしょうか？　それは「平安京」と「ウグイス」という春に鳴く鳥のイメージがピッタリ合致して、脳内に強い印象を残しているからです。「鳴くよウグイス平安京」というゴロ合わせの言葉から、花札の「梅に鶯《うぐいす》」を思い出す人も多いのではないでしょうか。それが京の都の遠景に重なり、平安京のイメージをかたちづくっているために、何十年も忘れずにいるのです。

漢字は、文字そのものがそれぞれ意味を持っています。複雑な漢字もパーツに分けると意味が出てくる場合があります。たとえば「備える」という漢字の中には「用意する」の「用」という文字が入っていますし、「手ヘン」の仲間の漢字には「払う」「打つ」「拝む」「招く」「括《くく》る」など「手を使う動作」が多く含まれます。こうした漢字は、漢字そのものが持つイメージを上手に使えば、簡単に暗記することができます。

また「括」という字は「総括《そうかつ》」「一括《いっかつ》」などのように、「カツ」と音読みし、「つくり」には「舌」という字が使われています。この「舌」という字は「活」という字でも「カツ」と発音するため、読み方は覚えやすいでしょう。

音から連想して覚える漢字は他にもあります。たとえば社会で出てくる「壇ノ浦の戦い」の「壇」の字。この中には年賀状によく書く「元旦」の「旦（タン）」の文字が入っていますね。こうして結びつけて覚えていれば、「壇ノ浦の戦い」の漢字を間違うことはないでしょう。ちなみに「旦」の字は「地平線から朝日が昇ってくる様子」を表した「象形文字」です。これなどもイメージをつかんでおけば一生忘れないですよね。

「同音異字語」なども、意味から連想して漢字を覚えていく学習法が有効です。たとえば「おさめる」と読む漢字は４つ出てきますが、「ものをしまう」場合や「成果を挙げる」場合に使うのは「収める（収穫・収益など）」、「お金や品物などを受け取り手のもとに渡す」場合は「納める（納税・納期など）」、「学芸などを身につける」場合は「修める（修学・修了など）」、「乱れを整える」場合や「病気を治す」場合は「治める（統治・治療など）」となります。

意味から連想すると、漢字変換ミスが格段に減ります。「シュウ**カク**」と「ホ**カク**」も、稲など穀物を「シュウカク」する場合は、植物に関係のある「ノギヘン」を使って「収穫」、ウサギなどを「ホカク」する場合は、動物を表す「ケモノヘン」を使って「捕獲」と書きますね。「**ギ**ロン」「レイ**ギ**」「**ギ**セイ」についても、言葉で「ギロン」するので「ゴンベン」を使って「議論」、人の「レイギ」ですから、「ニンベン」を使って「礼儀」、神へのいけにえには牛をささげるから、「犠牲」にはどちらにも「牛」という文字が入ります。

国語の漢字練習は、ただ数を書けばいいというものではありません。むしろ「たくさん書いて覚える」という学習から脱却できなければ、いつまでたっても「漢字書き間違い」のミスは減りません。覚え方のコツを研究し、きちんと学ばせましょう。

MIYAMOTO METHOD

ケアレスミスをなくす「宮本メソッド」17

↓

数だのみの漢字練習から脱却せよ!

STOP a careless mistake

case18

あわて者に多い抜き書き間違いミス

Q18

抜き書き問題で、写し間違いが多いのです。どうやって直せばよいですか？

本文には「越冬の準備を始めなければならない時期」と書いてあり、そこを抜き書けばよいだけなのに、「越冬の準備を始め**ねば**ならない時期」と抜き書いてしまい不正解となる。あるいは「越冬の準備を**はじ**めなければならない時期」と漢字を使用すべきところをひらがなにしてしまいバツになる。そんなケアレスミスによって失点してしまう生徒は少なからず存在します。

あるいは「記号で答えよ」という問題なのに、解答をそのまま記入して間違えてしまうというケースもよく見られます。彼らのミスはどうやったら減るのでしょうか？　残念ながらこのような生徒に処方できる有効な対策はありません。「書き間違えないように」、「問題の要求どおりに答えるように」と口を酸っぱくして言い聞かせるしか道はないのです。

ところで「書き間違い」のようなミスはいったいどうして起

こるのでしょうか？

　ケアレスミスは一般に大きく分けて次の３つのタイプに分類

①認知・確認のミス（インプットミス）
②判断・決定のミス
③作業・操作のミス（アウトプットミス）

されます。

　中学受験でいわゆる「ケアレスミス」と呼ばれているもののうち、たとえば計算ミスは③のときに起こり、問題文の読み間違いは①のときに起こります。これらをさらに分析していくと、情報処理（問題を解く）のどの段階でミスをおかしやすいのかが判断できます。するとその部分を強化・訓練してやることによって、ケアレスミスによる失点を防ぐことが可能となってき

①認知・確認のミスにあたるもの
問題の読み落としや問題の読み間違いなど
②判断・決定のミスにあたるもの
解法選択の取り違えや解法方針の混線など
③作業・操作のミスにあたるもの
計算間違いや数え間違い、答えの書き間違いなど

ます。

　こうした分類によると、「抜き書きミス」というのは、③の作

業・操作のミスにあたることがわかってきます。正しい判断や決定が下せているのに、アウトプットの段階でミスをしてしまうわけですね。これは得点を争う入試では非常にもったいないミスです。正解に到達できているのに、得点に結びつかないわけですから。なんとかこうしたミスを減らしていきたいところです。

入試において、特に国語では、アウトプットの作業が難しい、あるいは複雑ということはありません。たとえば選択問題であれば、選択肢の記号を解答欄に記入するだけでよいですし、抜き書き問題についても見つけ出した答えを解答欄のマス目に合わせて日本語で書き込むだけです。特に複雑な作業を要求されているわけではありませんので、緊張感が高まってミスをするということはほとんど考えられません。

アウトプットの作業自体がとても簡単であるので、逆に油断や慢心からミスが誘発されている可能性は非常に高いと言えます。抜き書き箇所が見つかった、正しい選択肢がわかった、そう思った生徒たちの意識はすでに次の問題に向かっています。制限時間がある以上、なるべく速く問題を解き進めなければなりません。解き終わった問題のことなどいつまでも気にしているわけにはいかないのです。そうして油断してミスをおかすのです。

こうしたミスの多い生徒たちには、簡単なアウトプットトレーニングをおすすめします。「100マス計算」なども効果があるでしょう。簡単な足し算を100問も行なっていると、途中で必ず飽きてきます。注意力散漫になったときにミスをおかしやすいのです。まさに慢心が生むアウトプットミスです。

実質的な国語の訓練としては抜き書き箇所の1文字ずつに「○」を打ち、確認する方法があります。古典的ですが効果はあります。「記号で答えなさい」という設問を読み飛ばしてしまう生徒は問いの文自体に線を引くのもよいでしょう。実践してみてほしいと思います。

> 注意しなければならないことは、リスが木の実や種などをため込む時期、すなわち越冬の準備を始めなければならない時期には、気性が荒くなることがあるということだ。たとえ飼いリスであってもそれは同じことなのである。

テストのあとで、「この問題は解けていたのにケアレスミスで20点も損しちゃった」と嘆く生徒や保護者の方がいます。しかし冒頭にもお話ししましたが、単なるボタンの押し間違いが重大な結果を引き起こすこともあるのです。「ミスがなければ……」という発想は「自分への甘さ」ととらえ、今すぐ捨てて

MIYAMOTO METHOD

ケアレスミスをなくす「宮本メソッド」18

↓

解答形式ミスは「100マス計算」で改善せよ!

case19

文末表現一つで国語の記述力が上がる

STOP a careless mistake

Q19

うちの子、国語の記述が弱くて本当に困っています。どうしたら国語の記述ができるようになるのでしょう？

「国語が苦手」と訴える生徒に、「国語のどんな問題が苦手？」と尋ねると、多くの生徒から「記述問題」という答えが返ってきます。国語の苦手な生徒の模試の答案を見ると、ものの見事に記述部分が空欄であったりします。「選択問題」はというと、これまたあまりよくできていない。つまり彼らは「記述問題は面倒くさいから解答するのを後回しにしている」だけで、別に「記述問題」が苦手なわけではないのです。

私に言わせると、「記述問題」のほうが「選択問題」よりもはるかに点数を取りやすいです。その理由はこうです。まず、「記述問題」の場合、部分点をもらえる可能性があるということです。たとえば1問につき10点の配点の問題で書くべきポイントは2つある場合、解答にその両方が備わっていれば10点、片方しか入っていなくても5点がもらえることになります。すなわち「記述問題」では「惜しい！」が評価されるわけです。

一方「選択問題」の場合、最後の２択まで絞れても、記入した解答が不正解ならば「惜しい」ということはありません。当然もらえる点数は０点です。

また記述は、設問文に大きなヒントが隠されています。たとえば「このときの陽子の気持ちを答えなさい」という問題ならば、「……という気持ち」という文末表現に合わせて、答えればいいわけです。問題によっては、本文中に「陽子は……という気持ちになった。」と書かれている場合もあるほどです。答えがすでに書かれていて、それを探すだけなら、こんな楽な話はありません。

「選択問題」では本文中の言葉をそのまま選択肢にするということはありません。微妙に言葉を変えてみたり、ひっかけのための罠を挿入したりします。正しい選択肢を選ぶためには、そうした罠をクリアしていかなければなりません。

さらに、「選択問題」は一般的に「記述問題」よりも難易度を高めに設定していることが多いのです。「四者択一問題」ならまだよいのですが、「五者択一問題」を出す学校を志望している場合は、特に注意が必要です。「四択問題」にくらべ「五択問題」は一気に難易度が上がってしまうからです。

こうした理由から、国語の苦手な生徒はまず「記述問題」から取り組むことをおすすめしたいと思います。

ところで記述の訓練をする際、先ほどもお話ししましたとおり、文末表現に合わせて解答を作ることを心がけるのが大切なのですが、これを心がけることで、ケアレスミス防止にも役立つのです。子どもたちはよく「理由を説明しなさい」と問われているわけではないのに、「……だから」と解答を作ってしまいます。このように設問の要求と異なる文末表現をとってしまうと、採点の厳しい上位の学校の場合、バツとなってしまいます。「記述問題」は配点が大きいですから、文末表現一つ取り違えただけで、10点も20点も損をしてしまうことにもなりかねません。これは大変もったいない話ですね。そこで、文末表現に十分気をつける必要が出てくるわけです。

また、文末表現に気をつけることで、「記述問題」の訓練にもなります。

設問パターンによって文末表現は変わってきます。

①どんな気持ちですか。	→	**「……という気持ち。」**
②どんな人物ですか。	→	**「……という人物。」**
③どんなことですか。	→	**「……ということ。」**
④なぜですか。	→	**「……だから。」**

記述の基本は、相手の質問にきちんと答えることです。保護者の皆さんも、模試を受けてきた子どもに「テストの出来はどうだった？」と尋ねて、「う～ん……国語は時間がかなり足りなくてね、社会は見知らぬ神社の写真が出たよ。算数は計算問題が割と複雑だったなあ……」といった答えが返ってきたら、「だ

から『出来はどうだったの？』って聞いてるのよ！」とイライラしたりすると思います。なぜかというと、子どもが質問に的確に答えていないからですよね。「国語は時間が足りずに書けたのは6割程度。いつもの出来から判断すると40点～50点くらいかな」と答えられる子がいたら、その子の国語の成績はきっとよいはずです。

国語という科目は言語的コミュニケーションの訓練でもあります。相手の質問内容を把握して、言いたいことを正確に相手に伝える。これこそがまさに「国語力」と呼ばれるものです。そのためにも、文末表現に気をつけることが大変重要なのです。

文末表現に気をつければ記述力がアップし、しかも「文末違い」による失点も防げるなんて、まさに一石二鳥です。早速明日からの国語の学習に生かしてくださいね！

MIYAMOTO METHOD

ケアレスミスをなくす「宮本メソッド」19

記述の力をつけるには文末表現こそ大切

STOP a careless mistake

case20

主語と述語がよくねじれる

Q20

うちの子、国語の記述のときに、いつも日本語がおかしくなるんです。どうやって正しい日本語を書かせたらよいですか？

「風媒花は風を利用して花粉が飛んで受粉をするので、花が目立つ必要はないけど、虫媒花は動物の体などに花粉をつけて運ばれるため、動物を引き寄せるため目立つ花をつけるから。」

皆さんはこの文章を読み、どのように感じたでしょうか？　なんだかおかしいと感じたと思います。どこがどのようにおかしいのか検証していきたいと思います。

まず「風媒花は風を利用して花粉が飛んで受粉をするので」の部分ですが、下線部分が「風媒花は」という主語とつながらずおかしな感じがするので、ここを「花粉を飛ばして」と修正しましょう。

次に「花が目立つ必要はないけど」の部分ですが、「けど」というのは話し言葉なので使用不可です。「……が」などに置き換えましょう。使用不可の話し言葉については、後述します。

続けて「虫媒花は動物の体などに花粉をつけて運ばれるため」の部分ですが、「虫媒花は」の主語に対し「運ばれるため」の述語が受身形となっていて対応しないため、ここは全文を「虫媒花は動物の体などに花粉をつけて運ばせるため」とします。

最後の「動物を引き寄せるため目立つ花をつけるから。」という部分は、「ため」が直前にも出てきていてしつこい感じがするので、ここは「動物を引き寄せられるように目立つ花をつけるから。」と書き換えましょう。まとめるとこうなります。

「風媒花は風を利用し、花粉を飛ばして受粉をするので、花が目立つ必要はないが、虫媒花は動物の体などに花粉をつけて運ばせるため、動物を引き寄せられるように目立つ花をつけるから。(85字)」

また、主語・述語がねじれてしまったり、おかしな文にならないようにするには、文を「。」で分ける方法も有効です。

「風媒花は風を利用し、花粉を飛ばして受粉をするので、花が目立つ必要はない。一方、虫媒花は動物の体などに花粉をつけて運ばせるため、動物を引き寄せられるように目立つ花をつけるから。(87字)」

国語の記述で字数制限の設けられていない問題を出す学校を

志望している場合、２文・３文に分けて書いても問題ありませんので、ぜひそうしてみてください。１文が長くなると重文（主語と述語を持つ文が、接続詞などによって並列して存在する文）や複文（主語と述語の中に別の主語と述語が入り込んだ文。英語でいうところの関係代名詞が使われている文）になりやすく、その分、主語・述語がねじれてしまう可能性が高まります。

もし「50字以内で答えなさい」という字数条件付き問題なら

「風を利用する風媒花は花が目立つ必要はないが、虫媒花は虫に見つけられやすいように目立つ花をつけるから。（50字）」

このようにまとめると、なんとか50字以内に収まりますね。

主語・述語を正しく書けるようになるには、日本語の文の構造を理解していないとできないのです。文の構造とはすなわち、次のようなものです。

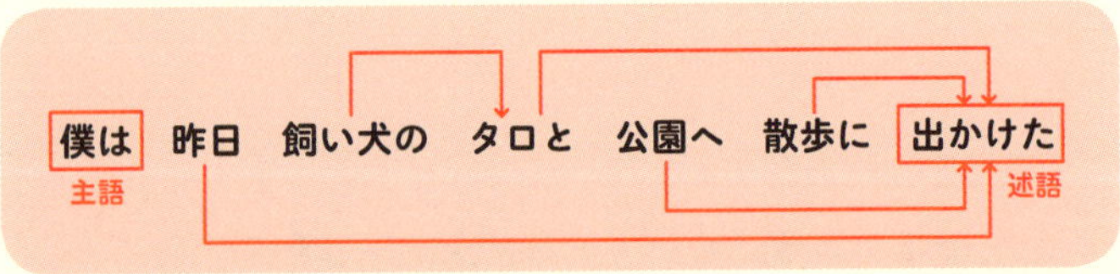

修飾語と被修飾語の関係構造や、主語・述語の関係を正確に把握する力がなければ、正しい記述は書けません。また、文章の読解力にも深刻な影響を与えます。

「うちの子、読解力がなくて……」と悩んでいらっしゃる保護者の皆さんはお子さんに主語・述語のある短い文を作文させてください。たとえば「一文日記」など。漫然と読書をさせるよりも効果は高いと思います。

以下に記述では使ってはいけない「話し言葉」の例を載せました。小学生のうちにきちんと言葉遣いを直しておくことがよいと思います。

〔記述に使用してはいけない「話し言葉」一覧〕

～なので・～だから	→	したがって・それゆえ
～だけど・でも	→	～だが・～。しかし
～というか	→	～というよりは・～。むしろ
～とか	→	～など
～して・～しないで	→	～し・～せずに
すごく	→	大変・非常に・とても
逆に	→	反対に
あんまり	→	あまり
ちょっと	→	少し・わずかに
お父さん・お母さん	→	父・母

MIYAMOTO METHOD
ケアレスミスをなくす「宮本メソッド」20

↓

読解力を身につけるには一文日記をつけさせよ!

case21

選択問題にはコツがある

Q21

我が子は、選択問題で必ずミスをするんです。何か対策はありませんか？

次の選択肢のうち、正しいのはどれでしょう？

ア　教育熱心で子どもたちの心を深く思いやれる人。
イ　観察眼に優れ、状況に応じ冷静な判断を下せる人。
ウ　理想が高く、難しいことでも実現しようとする人。
エ　思い込んだら自分の考えを曲げない頑固な人。

「課題文も提示されていないのに、答えがわかるわけないでしょう」と、憤慨されていらっしゃる方もいると思います。ごもっともですが、選択問題の中には課題文を読まなくても解けてしまう問題というのが存在します。もし本当にそんな問題があるとしたら、解けないのはもったいない話ですよね。

上の選択肢について、少し聞き方を変えてみましょう。それぞれの選択肢はポジティブなイメージ？　それともネガティブなイメージ？

アは「教育熱心」「思いやれる」などのキーワードから、イは「観察眼に優れ」「冷静な判断を下せる」などのキーワードから、ウは「理想が高く」「難しいことでも実現」というキーワードから、それぞれポジティブなイメージになると思います。一方、エは「頑固な」という言葉からネガティブな印象を受けるのではないでしょうか。すると「エ」だけがネガティブなイメージということになります。

課題文がないのでこの時点で正解を「エ」と断定することはできません。しかし少なくとも選択肢を「ア・イ・ウ」の群と「エ」の群とに分けることはできます。選択問題を解くときにはこのように、まず「選択肢を絞る」ことが重要です。選択肢を絞れば「四択」が「三択」に、「三択」が「二択」になりますから、それだけ正解しやすくなります。

選択肢を最初に「ポジティブイメージ」か「ネガティブイメージ」かで分ける方法を私は**「ネガポジ作戦」**と呼んでいます。

また、選択問題の定番解法として、「断定的な表現を含む選択肢は選ばない」という方法があります。断定的な表現とは「すべて」「完全に」「絶対」「まったく〜ない」「唯一」といった言葉です。こうした言葉の入った選択肢は選んではいけません。なぜならこれは、「ひっかけ」だからです。

説明的文章の場合、筆者の主張を広く一般に理解してもらうことを目的として書かれています。すなわち「説得的な文章」

ということになりますが、他者を説得するときには断定的な言葉はなるべく避けるほうがよいとされています。私が「こうすれば絶対にケアレスミスをなくせる！」と言い切ると、「果たしてそうかな？」と思うでしょう。しかし「こうすればケアレスミスをなくすことができる可能性があります」と言えば、「じゃあやってみようかしら」と思うはずです。

書き手は断定的な書き方を避けていますので、選択肢で断定表現を使うと「言いすぎ」になってしまうのです。ですから「断定的な表現を含む選択肢」は選んではいけないのです。

また、当たり前のことですが選択肢は最後まできちんと読むように心がけましょう。こんな例題を考えてみましょう。

石畳の続く細い路地を上がっていくと、緑色の芝が生えそろった丘の向こうに白い建物が見えた。カズトの脳裏にフッと、窓際のベッドに横たわるカナの姿が浮かんだ。このサナトリウムに入って、もう何年になるのだろうか……。

［問題］　サナトリウムはどこにありますか？

ア　海辺の海岸近く

イ　都会のビルの谷間

ウ　山間の小さな村

エ　丘の向こう

「答えはエでしょう？　ばかばかしい」と思われた方、今度は次の選択肢の中から最もふさわしいものを選んでください。

ア　丘の向こう
イ　都会のビルの谷間
ウ　海辺の海岸近く
エ　緑色の芝の丘の向こう

「順番入れ替えたってダメよ。答えはアでしょう？　ばかばかしい」と思われた方、エの選択肢をよくご覧ください。この場合、設問に「最もふさわしい」とありますので、アではなくエが正解となります。

選択肢の中には「間違いではないけれど不足」のものが含まれている場合があります。しかしこの「70％正解」の選択肢以外に「90％正解」の選択肢があれば、そちらを選ばなければ不正解となってしまいます。「よりふさわしい選択肢」より前に「70％正解の選択肢」があると、多くの受験生は選択肢を最後までよく読まずに、この「70％」に飛びついてしまいます。

これは大変もったいないことです。課題文と同様、選択肢も最後まできちんと読むようにしましょう。

MIYAMOTO METHOD
ケアレスミスをなくす「宮本メソッド」21

↓

選択問題は「ネガポジ作戦」で！

case22

日本語ができない日本人

Q22

うちの子、国語が苦手なのですが、どうすれば国語ができるようになりますか？

皆さんは次の文章を読み、どんな印象を持ちますか？

高校２年生のキャプテンは１年生を呼び出して、来年度の人事を発表した。次期主将は案の定、原に決まった。副キャプテンは宮本だった。宮本はそれに対してこう返事をした。
「いやいや副キャプテンなんて、オレには役不足ですよ」

いかがです？　宮本君はどんな人物に見えるでしょう？

ア　謙虚で控え目な人物
イ　傲慢で高飛車な人物

「役不足」という言葉には「役職がその人の能力には過小であ

り、そぐわないこと」を意味します。するとこの場合、宮本君は「イ」のような人物ということになりますよね。なにしろ「副キャプテンなんてオレの力量からいって過小だ。オレにキャプテンをやらせろ」と言っているわけですから。もし宮本君を「ア」のような人物にしたいなら「力不足」という言葉を使うべきです。

これはとても重要な事実を暗示しています。言葉の意味を正確に知らなければ、このように180度意味を取り違えてしまうことがあるということです。

以前ある力士が「砂を噛むような思いで努力を続けてきた」と、インタビューに答えていたことがありました。しかし「砂を噛むよう」とは「味気ない」とか「面白みがない」という意味しかありません。この力士は「血のにじむような努力」ということを言いたかったのだと思いますが、間違った言葉を使ったために「これまでの努力はつまらなかった」という誤解を招いてしまったわけです。

国語で伸び悩んでいる多くの生徒や保護者の方が「国語が苦手で困ってしまう」などと心情を吐露します。しかし、「国語」とはすなわち「日本語」です。ですから「国語が苦手」というのは「日本語が苦手」と同じ意味です。ところが「国語が苦手」と感じている人の中で「自分は日本語が苦手なんだ」と思っている人はほとんどいないのではないでしょうか。

皆さんは中学生で英語の授業が始まったときに、最初どんな風に勉強しましたか？　私は英単語や英熟語を覚え、教科書に載っている英文を暗記するところから始めました。文章を構成する単語や熟語の意味を知らずして、外国語を読んだり書いたりすることは不可能だからです。

「国語＝日本語」である以上、国語も一種の語学ですから、日本語の単語や熟語を覚えるのは国語学習の根幹であるはずです。そこをおろそかにすれば、最初に挙げたような誤解が生じ、結局は文章読解ができないという事態にたち至ってしまいます。
「国語が苦手だ」と悩む人の多くが、言葉の学習をおろそかにしています。その地道な努力を怠っていれば、どんなに素晴らしい塾の先生の授業を受けても、国語の実力がつくことはありません。英単語をよく知らない子どもが高校英語の授業を受けても、半分も理解できないのと同じことです。

一方、言葉をたくさん知っていれば、言葉の取り違えによる読解ミスも減ります。「国語＝日本語」なのだという意識を常に持ち、まずは漢字練習や熟語・慣用句の学習を子どもたちに地道にさせてください。日本人にとって「日本語が苦手」ということほど恥ずかしいことはありませんから。

〔意味を取り違えやすい言葉〕

「気が置けない」→ ○ 相手に遠慮をする必要がない
× 相手に遠慮をしなければならない

「檄《げき》を飛ばす」→ ○ 自分の主張や考えを広く人々に伝える
× 励まそうとして元気づける

「こそくな」→ ○ 一時しのぎの　×ひきょうな

「話が煮詰まる」→ ○ 討議が尽くされ結論が出る段階に近づく
× 話が行き詰まって結論が出ない

「ぶぜんとして」→ ○ 失望してぼんやりして
× 腹を立てて

「やおら」→ ○ ゆっくりと
× 急に・いきなり

MIYAMOTO METHOD
ケアレスミスをなくす「宮本メソッド」22

「国語は日本語」を意識しよう！

STOP
a careless mistake
METHOD

国語のケアレスミス攻略

漢字練習は3回書けば十分！

国語にも「100マス計算」は有効！

文末表現に気をつけろ！

毎日一文。短文作文！

「ネガポジ」作戦で選択せよ！

国語とは日本語を学ぶこと！

STOP
a careless
mistake

PART 3

理科
の
ケアレスミスを
なくす方法

STOP a careless mistake

case23

理科の暗記はリズムが大事

Q23

うちの子、植物にまったく興味がなくて全然覚えられないんです。暗記のコツってありますか？

次の植物のうち、仲間はずれはどれですか？

ア	アサガオ	イ	ヒルガオ
ウ	ユウガオ	エ	ヨルガオ

アサガオ・ヒルガオ・ヨルガオは「ヒルガオ科」の植物、ユウガオのみ「ウリ科」の植物となり、仲間はずれはウということになります。しかし「アサガオ・ヒルガオ・ヨルガオはヒルガオ科で、ユウガオはウリ科」と単純に暗記したとしたら、1週間後にはもう忘れていそうですよね。1週間後でも1ヶ月後でも、ウロ覚えではなくしっかりと暗記事項を記憶しておくにはどうしたらよいのでしょうか。

情報が認知されるとまず「感覚記憶」という状態になります。

これは保持期間が１秒にも満たない非常に短い記憶ですので、普段の生活の中で意識されることはほとんどありません。鉛筆を目の前でゆらゆら揺らすと硬いはずの鉛筆がグニャグニャ曲がって見えたり、アニメーションの中の人物や物が滑らかに動いて見えたりするのは、この「感覚記憶」によるものです。

非常に短い保持期間の「感覚記憶」はやがて保持期間のもう少し長い記憶へと移行していきます。これを「短期記憶」と言います。しかしこの「短期記憶」は時間的にも容量的にも制約があり、非常に短時間しか保持できません。意味を持たない数字や文字の列だと20秒程度しかもたないそうです。容量的には個人差はありますが、５～９単位（「単位」とは、単語や数字の一つひとつを指す）までしか覚えられないと言われています。

少し実験をしてみましょう。次の文字列を５秒間で記憶して本を閉じてください。

56088920451059630

いかがでしょう？　覚えられましたか？　数字が17個（17単位）も並んでいるため、なかなか覚えるのが困難だったのではないかと思います。これが「短期記憶」の限界です。

しかし次のように暗記するとどうでしょう。

560（ゴロー）、8892（ハヤクニ）、
04510（オシゴト）、59630（ゴクローサマ）

こうすると、意味ごとの区切りが４つ（４単位）になるため、覚えられる確率が一気に上がりますね。これは「ゴロ合わせ」と呼ばれる暗記法の１つです。ゴロ合わせによりたくさんの情報を１つにまとめ、単位数を減らして記憶しやすくするのです。「ゴロ合わせ」という暗記法は、今はやりの脳科学的にも効果が証明されている方法なのです。

「ゴロ合わせ」にはもう１つ記憶を助ける効果があります。日本人は古来より音のリズムを大切にしてきました。短歌や俳句などに見られる「五・七・五」のリズムが多用されてきたのは、それが人に心地よく聞こえるリズムだからです。

世の中に出回っている「ゴロ合わせ」には、五音と七音を基調にしたものが数多く存在します。「いいくに（1192年）つくろ、かまくらばくふ」とか「いやでござんす（1853年）ペリーさん」など、歴史の年号暗記には数多くの「ゴロ合わせ」が存在しますが、そうした暗記法が昔から使われ、今でもすたれずに残っているのは、それらが人々の耳に心地よく、記憶を保持しやすいからだと考えられます。

世の中には「ゴロ合わせ」を冷笑する方がいらっしゃいます。「ゴロ合わせでわざわざ覚えるくらいなら、普通に暗記したほうが早い」という考え方ももちろんあるでしょう。何でも簡単に覚えられる人はそれでもよいでしょうが、私などは記憶力をあまり持ち合わせていませんでしたので、自分で「ゴロ合わせ」を作り暗記の一助にしていました。

もちろんすべての知識に対して「ゴロ合わせ」を使うべきであると考えているわけではありません。利用できる部分のみうまく活用すればよいと思います。せっかく科学的に効果が立証されている方法なのに、使わない手はありません。

最初の「ヒルガオ科」の例に戻りますと、これは「朝・昼・夜にさつまいも」と覚えます。さつまいもも実はヒルガオ科なんです。イメージとしては「朝も昼も夜もさつまいも料理かあ。うんざり……」という感じですね。こうすれば強いイメージを持たせることができるので忘れにくいですし、「七五調」で耳ざわりもよいので覚えやすいです。

ちなみに「ユウガオ」の実はかんぴょうとして食用となります。ヒルガオ科の「ヨルガオ」を花がよく似た「ユウガオ」と混同している人もいます。江戸時代にはどちらも「ユウガオ」と呼ばれていました。花が似ていることから起こった「ケアレスミス」によるものです。

知識はしっかり身につけ、ミスをなくしたいものですね。

MIYAMOTO METHOD

ケアレスミスをなくす「宮本メソッド」23

↓

理科の知識は「ゴロ合わせ」を活用せよ!

case24

作図がうまい子はミスが少ない

Q24

うちの子、「太陽の動き」や「天体」の単元がどうしてもできるようにならないんです。単純ミスばかり。どうしたらよいでしょう？

子どもたちに「理科の苦手単元」を尋ねると、多くの生徒が「天体」とか「太陽の動き」と言います。なぜ子どもたちはそれほどまでに「天体」や「太陽の動き」が苦手なのでしょうか？　太陽は毎日昇ります。星も晴れていれば毎日だって眺めることができます。目で見て観察できるものなのに、子どもたちの多くが苦手だなんて、ちょっと不思議な気持ちがしますね。

子どもたちが混乱したり、難しいと感じる理由について、まずは保護者である皆さんにちょっと体感してもらおうと思います。

右の図１は「地球の公転の様子」を表した図です。よく観察し、季節の位置を覚えてください。

図１

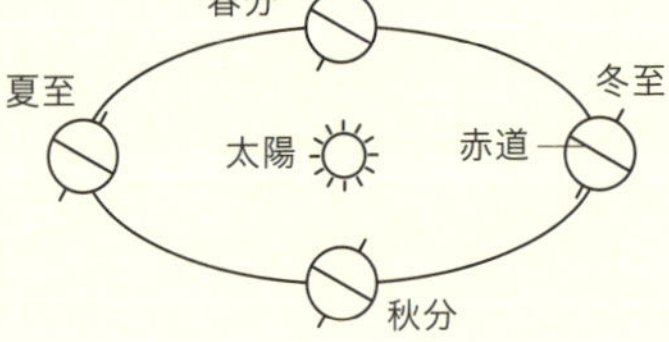

では次に前ページの図を手で隠して、右の図２を見てください。この中で「夏至の位置にある地球」を表しているのは、Ａ～Ｄのうちどれでしょう？

図2

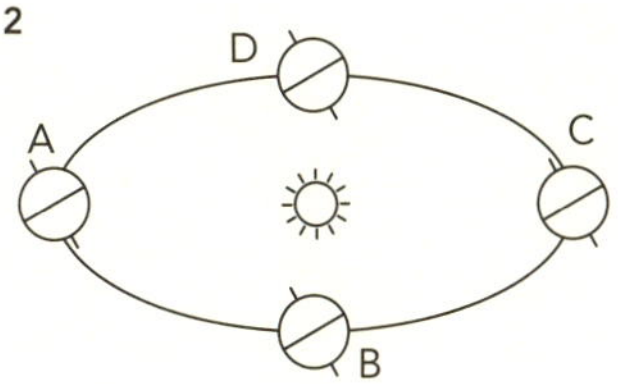

正解は、「Ｃ」なんです。正解しましたか？　「おや？」と思った方は、前ページの図１をよくご覧ください。地球に刺さっている棒（地軸）の傾きが、図１と図２で逆に描かれているのがおわかりいただけますか？

これは決してミスプリントではありません。地軸の傾きの向きによって左右さかさまの図が２種類できてしまうのです。これこそ、子どもたちを惑わす元凶なのです。

図が２種類出てきてしまうのは、「地球の公転の様子」だけではありません。下の図をご覧ください。

季節ごとの太陽の動き

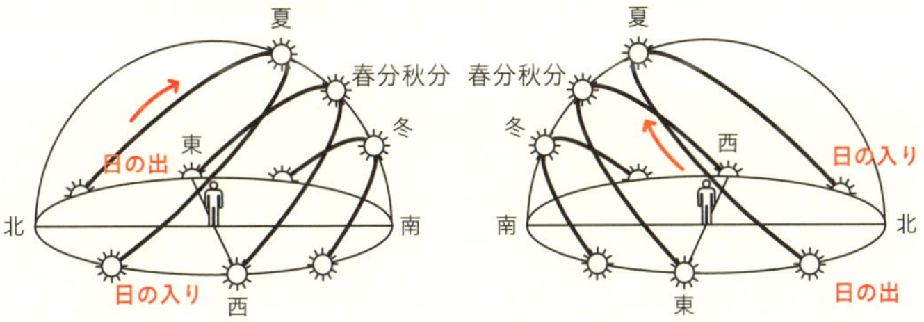

日影曲線の図

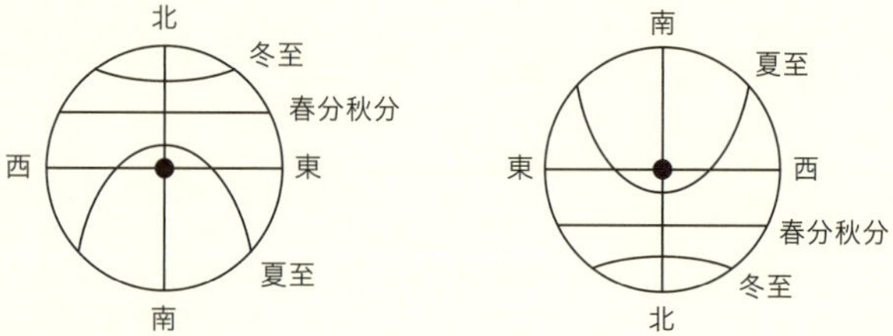

月の満ち欠けの図

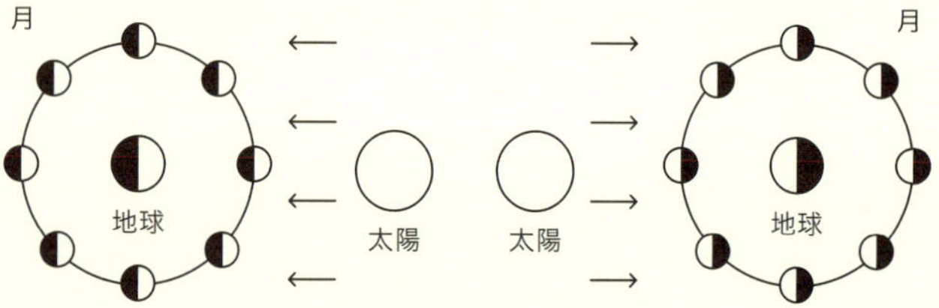

人間工学においても「紛らわしきはミスを助長する」ということで、似通った図案は極力排除されています。それでも、たとえばエレベーターの「開」「閉」ボタン。皆さんも誰かがエレベーターに駆け込もうとしているのを見て、「開」のボタンを押そうとしてあわてて「閉」のボタンを押してしまい、その人をドアに挟んでしまった経験が少なからずあるかと思います。私などしょっちゅうやるので、今ではもう「余計なおせっかいはすまい」と、エレベーターはいつも一番奥に乗り込むほどです。

では紛らわしい図をどうしても理解しなければならないときには、いったいどうすればよいのでしょう。これは残念ながら理解できるまで繰り返し**「原理原則」**を学ばせるしかありません。「向かって右が北」などと丸暗記すると、絶対に対応できない問題が出てきてしまいます。

気をつけなければいけないのは「絶対に塾任せにしない」ことです。塾では「描けるようになったかどうか」を個々にチェックしてくれません。「２種類の図があること」すら教えてくれないかもしれないのです。なぜなら塾のカリキュラムは非常にタイトで、そこまで細かく指導している暇がないからです。

でもご安心ください！　理科で左右の図を２つ描いて確認しなければならないことは、この項で挙げた４つだけなのです。たったこれだけなら、しっかりやらせたとしてもそんなに大変ではないですよね。ちなみにうちの塾生の場合、もっとも複雑な「月の満ち欠けの図」でも、３回もやらせると（つまり合計６個の図を描かせると）、100％の生徒がマスターできました。

マスターするのは、見かけよりもずっと簡単ですよ。ためらっているとかえって時間がかかるものです。歯の治療と同じです。痛みの少ないうちにパッとやってしまいましょう！

MIYAMOTO METHOD
ケアレスミスをなくす「宮本メソッド」24

↓

紛らわしい図は自分で両方描いて確認すべし!

STOP a careless mistake

case25

おこづかいは細かく条件を設定せよ

Q25

最近理科の入試で細かい条件設定のされている問題が多く出題されていますが、どうしたら得意になりますか？

これは吉祥女子中学の平成23年度第２回（２／２実施）入試の理科の問題の一部です。

［実験１］
① ３つのフラスコに、二酸化マンガンを0.2gずつ入れた。
② それぞれのフラスコに、ある濃さの過酸化水素水を 25g、50g、75g加えて、発生した酸素を集めた。
③ 酸素の発生が終わった後、集めた酸素の体積を測定した。
④ 二酸化マンガンの重さを 0.4g、0.6g と変えて①～③と同じ操作を行った。
結果をまとめると表２のようになった。

表２

二酸化マンガンの重さ(g)	0.2			0.4			0.6		
過酸化水素水の重さ(g)	25	50	75	25	50	75	25	50	75
発生した酸素の体積(㎤)	300	600	900	300	600	900	300	600	900

実際にはこのあと実験2があり、かなり細かく条件が設定されています。これを読むと多くの受験生が「うわあ、複雑そう」と拒否反応を示します。そして問題文をよく読まずに適当に解答したり、問題を解く順番を後回しにしたり、あきらめて解かずにすませてしまったりします。ところが条件を整理して読むと、それほど込み入った内容でないことがわかります。きちんと条件を整理して落ち着いて解けば、正解に到達できる可能性は極めて高い問題と言えます。これは大変もったいないことですね。

最近の入試の傾向として、理科や社会において設問文を長く取り、複雑そうに見える条件を設定してあるタイプの問題が激増しています。少し前であれば単純な「知識を問う」だけの問題を多く出題していた学校でさえ、こうしたタイプの問題を出すようになりました。また近年志望者を増やしつつある公立中高一貫校の入試問題の多くは、こうした「条件設定」のある問題を多く取り入れています。中学受験生にとって、グラフを読み取ったり細かい条件を整理する能力は、もはや不可欠になってきていると言えるでしょう。

一方で子どもたちの側では、こうした「グラフを読み取る力」や「情報を整理する力」が、十分培われていない気がします。インターネットや電子書籍などの普及により、どんな情報でも「整理された形」で入手するのが容易になったため、自ら情報を整理し分析しなくてもよくなってしまっているという現実もあります。計算する力や情報を整理分類する力、あるいは考える力さえも外部に依存した結果、そうした能力を育てる土壌が今の世の中に少なくなってしまっていると思われるのです。

こうした能力が低ければ、「条件の読み飛ばし」「条件の読み間違い」といった情報分析時のミスが多発することになります。情報を正しく分析できなければ、問題も正しく解くことができません。当然のことながら入試の結果にも影響を及ぼします。

そこで私がおすすめしたいのが、「新おこづかい制度」の導入です。「お金の計算」なら「また勉強の話？」とはなりにくいものです。子どもたちに「勉強」を意識させずに、条件整理の能力を身につけさせることができれば、こんなに楽な話はありません。

具体的な方法をご説明します。お子さんのおこづかいについて、細かく条件を設定してください。たとえば「お風呂掃除をしたら50円」とか「犬の散歩をしたら100円」というふうに。もちろん「毎月の模試で偏差値がいくつ上がったら500円」といった成績に関する賞罰や、「漢字練習帳を１ページやったら10円」といった学習習慣に関する内容を盛り込んでも構いません。学習に関する賞罰については、目標などを本人に決めさせ、おこづかい条件も本人と相談するほうが、学習習慣は身につきやすいです。

こうして条件をいくつか設定したら、今度はおこづかいノートに記入させていくのです。

日付	内容	金額
5月12日	計算練習帳1P	10円
	漢字練習帳1P	10円
	犬の散歩	100円
5月13日	計算練習帳1P	10円
	お風呂掃除	50円
	…	

こうすると子どもたちは「条件」というものをきちんと把握する能力が身につきます。また「情報を正確に整理する」という力も高めることができます。パソコンのエクセル（表計算ソフト）などを使えば自分でグラフを作成することもできますので、グラフの読み取り能力にもよい影響を及ぼすでしょう。

昔の小学生はみな「おこづかい帳」をつけていました。日常生活の中で身につけられる力をうまく利用するのも、中学受験を成功させる秘訣です。

MIYAMOTO METHOD
ケアレスミスをなくす「宮本メソッド」25

おこづかい帳で「条件整理」の力を身につけさせる

STOP a careless mistake

case26

化学分野って本当に難しいの？

Q26

うちの子、物質の名前がどうしてもごっちゃになっちゃうのです。うまく覚えるにはどうすればよいですか？

「水酸化ナトリウム」「水酸化カルシウム」「炭酸カルシウム」「炭酸水素ナトリウム」「塩化ナトリウム」……お母さんの中にはこんな物質名を聞いただけでクラクラしてしまう方もいらっしゃるのではないでしょうか。化学はいつの時代にも受験生を悩ませる科目の一つですよね。

こうした紛らわしい物質名をなぜスッキリ覚えられないのかというと、これには教える側の問題が存在します。すなわち、化学反応は中学生になってから習うものという固定観念と、小学校の教科書には載っていないという事実から、元素記号や化学反応式を子どもたちに教えることをためらう教師が多いため、かえって子どもたちに難しい理解を強いる結果になってしまっているのが現状です。

中和反応を例にとって考えてみましょう。小学生たちは「塩酸と水酸化ナトリウム水溶液をちょうど反応させると中和反応が起こり食塩水ができる」と習います。しかしこんな文章で教わったのでは、子どもたちは具体的なイメージが湧きにくいですよね。

「それでは……」ということで昨今では「理科実験教室」が大流行ですが、実験によって現象は目にすることができても、どういう化学反応が起こっているのかについては目で見ることはできませんので、結局先ほどの「塩酸と……」という日本語で理解を促されます。実際「理科実験教室は好き」と言っている子どもたちの中にも、化学反応についてきちんと理解できていない生徒は少なからず存在するものです。

そこで私はあえて小学生に「原子」というものからきちんと教え込む指導法を推奨しています。たとえば中和反応の例ですと、まず「塩酸は水に塩化水素という気体が溶けている。塩化水素は塩素という原子と水素という原子がくっついてできている」「水酸化ナトリウム水溶液は水に水酸化ナトリウムという固体が溶けている。水酸化ナトリウムは水素と酸素とナトリウムがくっついている」としっかり教えてしまいます。そして以下のような図を使い、化学反応をきちんと式の形で理解させます。

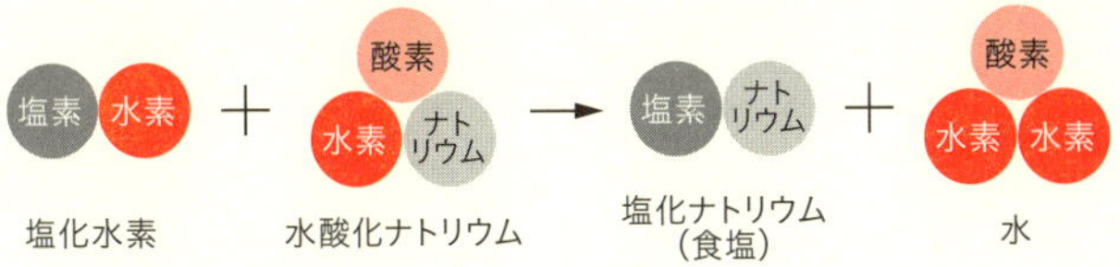

こうすれば「水素とナトリウムを交換しただけだ！」と明確

に理解できるでしょう。またできるのが塩化ナトリウムと水であることもしっかりと覚えられます。

「石灰水に二酸化炭素を通すと白くにごる」という現象も、以下のように説明することが可能です。「石灰水とは水に水酸化カルシウムが溶けたもので、水酸化カルシウムは水素と酸素とカルシウムからできている」「二酸化炭素は二酸素炭素、つまり２個の酸素と１個の炭素からできている」と理解させ、以下のような図を用いて説明します。

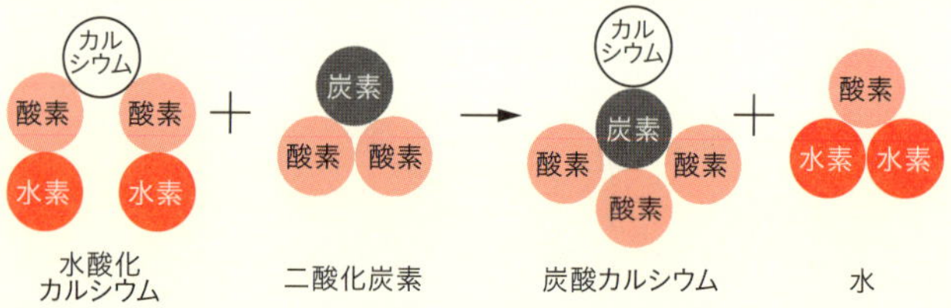

水酸化カルシウムと炭酸カルシウムの構造がやや難しいですが子どもはパズルが大好きですので、これくらいなら小学生でも理解できます。手芸用ボンテン（丸い房状のもの）などを利用して説明すると、かなりわかりやすく楽しく覚えられます。こうして覚えると印象にも残りやすく、単に言葉だけで学ぶよりも記憶が強固になります。

大人は「こんなことまで小学生に教えていいのか」と遠慮したりしますが、それがかえって子どもたちを「きちんとした理解」や「楽しい理解」から遠ざけているように感じます。子どもたちは元来、好奇心旺盛な生き物ですから、学びの心を「大人たちの無用なお節介」によってわざわざつぶしてしまうことはありません。

子どもたちにとって難しかろうと思って、「塩化ナトリウム」や「水酸化カルシウム」という言葉を避け、「食塩」や「石灰石」などと教えるから、かえって子どもたちは混乱し、化学を難しく感じてしまうのです。きちんと「石灰水は水酸化カルシウムが水に溶けたものだよ」と教えれば、それが「水酸化ナトリウム水溶液」や「水酸化カルシウム水溶液」などの「水酸化○○」という水溶液はアルカリ性を示すのだ、という知識にもつながります。「水酸化ナトリウム水溶液」も「石灰水」もアルカリ性だよ、と教わるので子どもたちは単純暗記に走り、かえってミスを助長することにもなるのです。

子どもたちに「これはまだ難しいかも」などと遠慮することはありません。難しいこともどんどん教えて、たとえ今理解できなくてもいつかある日突然「ああ！　あれはそういうことだったのか！」と思えたらそれで十分だと思います。大人の側が勇気を持って指導するべきであると私は強く感じます。

MIYAMOTO METHOD

ケアレスミスをなくす「宮本メソッド」26

小学生にも中学や高校の内容をどんどん教えるべし！

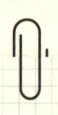

STOP a careless mistake

case27

生徒はこのミスに必ずハマる

Q27

算数でもできないのですが、理科でも濃度計算が苦手なのです。どうしたら得意になりますか？

中学受験理科の中で、子どもたちが最もケアレスミスをする問題を１つ挙げてくださいと言われたら、私は間違いなく次の問題を選ぶでしょう。誰もが必ず１回は引っかかります。

〔問題〕

次の表は水100gに対して溶かすことのできるホウ酸と食塩の量を表したものです。40℃の水100gに食塩を溶かせるだけ溶かした水溶液の濃度は何％ですか？　小数第２位を四捨五入して答えなさい。

水の温度[℃]	20	40	60	80
ホウ酸[g]	4.9	8.9	14.9	23.5
食塩[g]	35.8	36.3	37.1	38.0

〔誤答例〕

40℃の水100gに食塩は36.3g溶ける。

36.3g ÷ 100g = 0.363

これを小数第２位で四捨五入すると　0.363 = 0.4 = 40%

残念ながらこれは間違いです。水100gに食塩を36.3g溶かすと、食塩水全体の量は実際には　100g + 36.3g = 136.3g　となります。つまり、「水に食塩を溶かすと食塩水全体の量も変化する」ことを見落としてしまうため、このようなミスが起こるわけです。また、「小数第２位で四捨五入する」タイミングも間違っています。通常は「％表記」に直してから四捨五入するべきなのです。

正しくは次のとおりです。

〔正答例〕

40℃の水100gに食塩は36.3g溶ける。

食塩水全体の量は　100g + 36.3g = 136.3g

36.3g ÷ 136.3g = 0.26632… = 26.632…%

これを小数第２位で四捨五入すると

26.632…% = 26.6%

この問題には、トラップが２つ仕掛けられていました。１つ目は「食塩水全体の量が変化する」、２つ目は「四捨五入するタイミング」です。２つもトラップが仕掛けられていると、さすがに生徒たちはミスをしてしまうようです。１つ目のトラップが２つ目に比べて難易度が高いのもミスを助長するようです。１つ目のトラップをクリアすると、生徒たちは安心してうっかり２つ目にはまってしまうのです。

この問題の秀逸な点は、受験生をだまそうとしてトラップを仕掛けているわけではないという点です。溶解度の問題で濃度を求めさせる場合、答えはたいてい割り切れません。そこでどうしても「四捨五入せよ」という指示を出さざるを得ないのです。出題者が意図して罠を仕掛けたのではないのに、子どもたちは罠にはまってしまうなんて、よくできているとしか言いようのない問題です。

もう１つ、生徒たちが必ずミスをする問題があります。力のつり合いの問題なのですが、下の図のような表記になっている場合、子どもたちはミスをおかします。

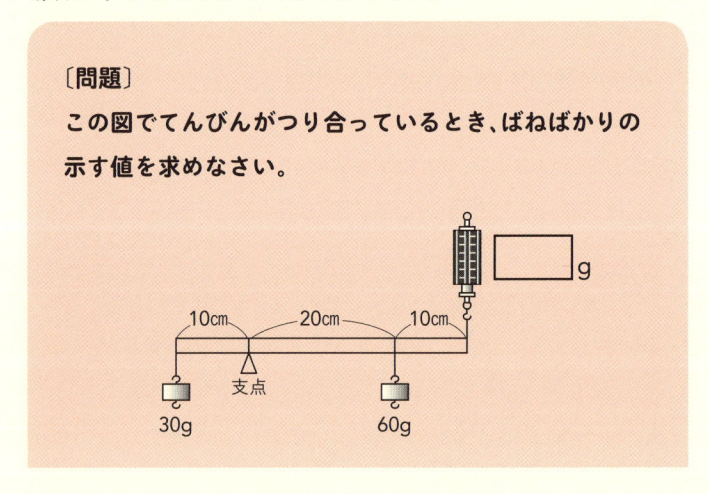

〔問題〕

この図でてんびんがつり合っているとき、ばねばかりの示す値を求めなさい。

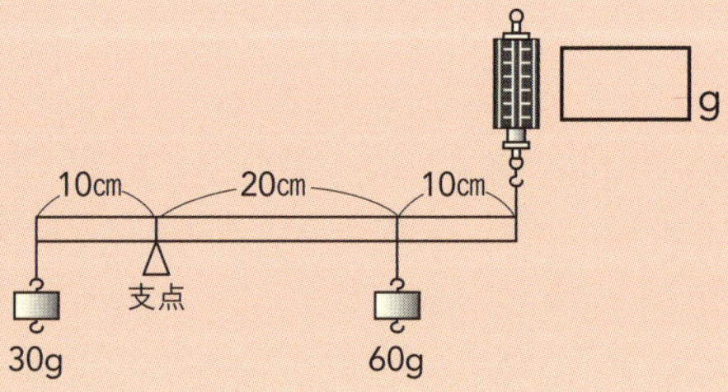

〔誤答例〕

30gのモーメントは　30g×10cm＝300

60gのモーメントは　60g×20cm＝1200

ばねばかりのモーメントは　1200－300＝900

ばねばかりの示す値は　900÷10cm＝90g

すなわち、ここでの間違いはモーメントを求める計算では「おもりの重さ×**支点からの**距離」であるはずなのに、〔誤答例〕ではばねばかりのすぐ近くに書かれている「10cm」という数値を使って計算してしまっているのです。

正しくは次のとおりです。

〔正答例〕

ばねばかりの示す値は　900÷（10cm＋20cm）＝30g

（10cm＋20cm）：支点からの距離

お子さんの過去の模試の理科の答案をひっくり返し、このようなミスをおかしていないかどうかぜひ確認してみてください。ミスをおかすポイントをきちんと知っておくことこそ、ミスを防ぐ重要なポイントです。

MIYAMOTO METHOD

ケアレスミスをなくす「宮本メソッド」27

理科のケアレスミス2大巨頭を把握せよ！

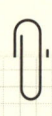

case28

理科は入試直前まで伸びる

Q28

よく「入試の前日まで実力は伸びるもの」と言われますが本当でしょうか？　なんだか怪しいです。

次の二つのうち、「エコマーク」はどちらでしょう？

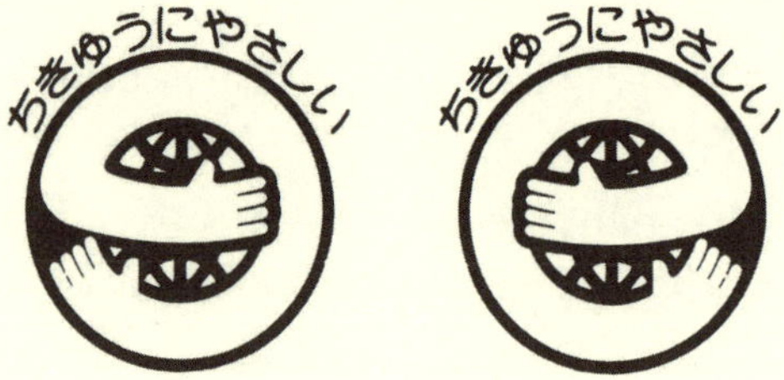

皆さんおそらく記憶があいまいなため、答えがバラバラになったのではないかと思います。しかし私の次のひと言で、皆さんはもう一生「エコマーク」については、間違えないようになると思います。

エコマークはエコの「e」と覚える

本当は　環境（environment）と地球（earth）　の「e」

いかがでしょうか。ストンと腑に落ちたのではないでしょうか。

理科という科目は、納得が得られることが大変重要な科目です。どんなに難しい単元のどんなに難しい問題であっても、原理原則がきちんと理解できれば、十分対応が可能です。しかも、納得が得られたことについては、その直後から使用可能なので、本当に入試の1日前、いや1分前まで伸びる科目であると言うことができます。

しかし理解が甘かったりあやふやだったりすると、なかなか得点源にはなりません。それゆえ理科という科目は、学習の段階できちんと理解し、納得を得ておく必要があるのです。

きちんとした理解はケアレスミスを防ぐのにも役立ちます。たとえば前項でお話しした「力のつり合い」に関する問題の場合、モーメントは「おもりの重さ×**支点からの距離**」であることをきちんと理解していれば、間違った計算を採用することはまずありません。

大きな仕事をミスなく実行していくためのコツは、仕事を大きなかたまりのままとらえるのではなく、小さなかたまりに分解して、一つひとつを着実に完成させていくのがよいとされています。これを「チャンクダウン」と言います。「チャンク」とは「大きいかたまり」とか「ぶつ切り」という意味です。「チャンクダウン」とはまさに「細かいかたまりに分ける」ことを指します。

こうして分けた一つひとつの仕事をコツコツと積み重ねていくことで、大きな仕事をミスなく仕上げることができるのです。

算数の場合「チャンクダウン」によって細かくぶつ切りにされた単元は、必ず他の単元と連動します。たとえば「比」を学習したあとで「相似な図形」を学習するのですが、比の概念がきちんと理解できていなければ、その先へ進むことはできません。つまり、そこで仕事が停滞してしまうことになるわけです。

一方、理科という科目は、一つひとつの単元の間に関連性が低いのが大きな特徴です。「物理分野」「化学分野」「地学分野」「生物分野」という4つの大きなカテゴリに分けられますが、同じカテゴリ内においても「植物」と「人体」とか「地層」と「月の満ち欠け」などというように、お互いにまったく独立しているのです。分野を超えた単元ならばなおのことでしょう。

つまり、理科という科目は、「チャンクダウン」しやすいのが最大の特徴となっているのです。

「チャンクダウン」しやすいということは、その分「単元ごとの学習がしやすい」ことを意味します。たとえば「植物」が苦手な生徒がいたとしても、その生徒が必ずしも「人体」が苦手だというわけではありません。「植物が苦手」だということが「人体の学習の理解」に影響を及ぼすこともありません。ゆえに自分の苦手とする単元だけを重点的に学習することができるわけです。

他の単元との連関性の強い算数なら、「この単元を理解するためには、小５で習ったこちらの単元も理解しなければならない」ということもあるでしょう。理科ならば一部の単元を除いてそれぞれ独立して学習することができます。社会科の歴史のように「どこから手をつけたらいいかわからない」ということもありません。

１つの単元を理解することができれば、そこで達成感を得られます。次の単元に対するモチベーションも上げやすいでしょう。単元表などを作って、理解したらシールなどを貼っていくと、さらにやる気がアップすると思います。ゴールが明確で学習計画が立てやすいのも理科という科目の特徴と言えます。

原理原則の理解が進めばケアレスミスもどんどん減らしていけるはずです。「理科は入試１分前まで伸びる」と信じてがんばってください。

MIYAMOTO METHOD
ケアレスミスをなくす「宮本メソッド」28

理科は入試の1分前まで伸びる!

STOP
a careless mistake
METHOD

理科のケアレスミス攻略

知識は
ゴロ合わせで！

図は
自分で描いて
確認！

条件整理は
おこづかい帳で！

中学・高校の
内容にまで
踏み込もう！

トラップ問題を
把握せよ！

理科は
入試の１分前まで
伸びる！

STOP
a careless
mistake

PART 4
社会
の
ケアレスミスを
なくす方法

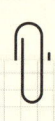

STOP a careless mistake

case29

社会の知識は物語にしよう

Q29

社会は覚えることが多すぎて、とても追いつかないのです。どうしたら効率よく記憶できますか？

多くの心理学者により、忘却のメカニズムについては様々研究されていますが、いずれの研究結果も「人間は忘却の魔の手から逃れられない」という結果が出ています。下のグラフはある心理学の実験結果をグラフにしたものです。覚えたものを、どれくらい覚えたままでいられるかを示しているのですが、これを見ると、時間の経過とともに、どんどん忘れていっていることがわかります。

覚醒時の保持

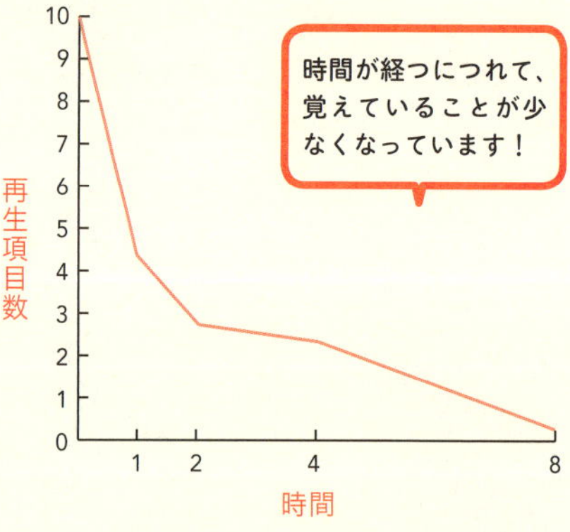

『心理学を学ぶ』大山正、詫摩武俊、金城辰夫他著（有斐閣、1971）

理科の章で「記憶」

について少しお話ししました。記憶は「感覚記憶」から「短期記憶」へと移行し、リハーサルと呼ばれるプロセスを経て、より強固な「長期記憶」へと変わっていきます。「長期記憶」になると保持力も上がります。

受験勉強などでは、いかにして「短期記憶」を「長期記憶」に変換していくかが勝負の分かれ目と言えるでしょう。「短期記憶」を「長期記憶」へと変質させる方法の１つに「ゴロあわせ」という暗記法が存在します。これについては理科の章でくわしくお話ししましたので、この章ではもう１つの暗記法である「エピソード記憶」についてお話ししたいと思います。

皆さんは自分の過去の出来事について記憶していますよね。いつ・どこで・だれと・どうした、という記憶は、特に反復学習したわけでもないのに、鮮明に頭に残っていますね。もちろんこれまで体験したすべてのことについて、私たちは記憶しているわけではありません。しかし**印象深かった思い出というものは一生頭に残っている**ものです。これを**「エピソード記憶」**と言います。

「エピソード記憶」はいくつかの情報を複合的・有機的に結びつけて保持される記憶の形態をとっていることが多く、たとえば恋人と３年前のクリスマスにどこに行ったかはすぐに思い出せなくても、恋人と出会ってからの記憶を順にたどれば思い出されるといった経験がどなたにもあるかと思います。

「エピソード記憶」のすごい点は、たった１回の経験（学習）で「長期記憶」が形成されるということです。この「エピソード記憶」をうまく応用すれば、言葉の羅列を100万回書いて覚えるよりもはるかに強力な暗記法となります。

具体的にお話ししましょう。「歴史」の学習において、子どもたちは「奈良時代」や「平安時代」にどんな出来事が起こったのか断片的に覚えていても、じゃあ「奈良時代」と「平安時代」と「鎌倉時代」がどういう順番かを問われると、驚くほどあやふやだったりします。ウロ覚え状態はケアレスミスを引き起こしやすいですから、きちんと記憶させたいところです。その場合は、以下のように物語にして記憶させるとよいでしょう。

奈良時代の末期、称徳《しょうとく》天皇の庇護《ひご》を受けた僧・道鏡《どうきょう》が政治の実権を握るなど、寺社勢力が力をつけてきたため、桓武《かんむ》天皇は784年に奈良の平城京から京都の長岡京へ都を移した。しかし造営責任者であった藤原種継《ふじわらのたねつぐ》が暗殺されたため、794年に京都の平安京へ再び遷都した。桓武天皇や嵯峨《さが》天皇は天皇親政を行なったが、その後力をつけてきた藤原氏が摂政・関白という要職を独占する摂関政治が行なわれるようになった。摂関政治は藤原道長・頼通《よりみち》時代に全盛を迎えるが、頼通に子どもがいなかったためその後衰退していく。代わって政治の実権を握ったのが、幼い息子に天皇の位を譲り、自らは上皇として政治の実権を握った白河上皇である。白河上皇は院政を行ない、北面の武士を身辺警護にあてた。やがて源氏と平氏が力をつけていき、保元《ほうげん》・平治《へいじ》の乱を経て平清盛《たいらのきよもり》が太政大臣となり政治の実権を握った。その後伊豆に幽閉されていた源頼朝が挙兵して平氏を滅ぼし、鎌倉幕府を成立させた。

物語で理解すると「奈良時代→平安時代→鎌倉時代」という流れがとてもよく理解できると思います。断片的な細かい知識は一問一答形式の問題には有効ですが、入試のように総合的な問題ではあまり役に立ちません。「エピソード記憶」を上手に使い、知識をまとめて記憶するようにすれば、一つひとつを地道に覚えていくよりもはるかに楽に暗記できますし、記述問題にも対応できるようになります。覚えることの多い社会こそ、「エピソード記憶」を駆使してください。

MIYAMOTO METHOD

ケアレスミスをなくす「宮本メソッド」29

↓

社会の暗記は「エピソード記憶」を駆使せよ!

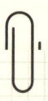

case 30

社会の漢字はここで間違える

Q30

うちの子、菅原道真を「管原」と書くなど、本当に社会での漢字ミスが多いのです。なんとかなりませんか？

A

堅穴住居	→	竪穴住居
管原道真	→	菅原道真
一生懸命	→	一所懸命
擅ノ浦の戦い	→	壇ノ浦の戦い
徳川喜慶	→	徳川慶喜
福沢輸吉	→	福沢諭吉
輸入	→	輸入

B

卑弥子	→	卑弥呼
区分田	→	口分田
日本書記	→	日本書紀
藤原頼道	→	藤原頼通

滋照寺銀閣	→	慈照寺銀閣
富岡製紙場	→	富岡製糸場
茨木県	→	茨城県
茨城県鹿島市	→	茨城県鹿嶋市
鹿嶋臨海工業地域	→	鹿島臨海工業地域
琵琶湖疎水	→	琵琶湖疏水

挙げ出したらきりがないほど、社会における誤字の候補はたくさん出てきます。「なぜ間違えるのか」と問われれば、「間違えやすいから」と答えるしかないのが実情であり、しっかり練習させてくださいとしか言いようがありません。

しかし対策の立てようがないというわけではありません。よく見ると、誤字も「似たような漢字を誤用するタイプ（Aタイプ）」と「同音異字を使うタイプ（Bタイプ）」に大別できることがわかります。**何事も対策を練るには傾向を知ることが大切**です。傾向さえわかれば、対策は立てようがあるものです。

Aタイプの場合、漢字そのものの誤用が原因ですから、その根っこから対策を立てる必要があります。そこで、あえて読みは出ないと見切りをつけ、**実際とは違う読み方で覚えてしまう**、という方法を取るのはいかがでしょう。たとえば「福沢諭吉」ならば「ふくざわさときち」、「徳川慶喜」なら「とくがわケーキ」などと覚えるのです。これはちょうどつづりの複雑な英単語を覚えるときにたとえば、「Wednesday（水曜日）」を「ウェドネスデイ」と覚えたりしますが、あれと同じことです。

しかしこれにはリスクも伴います。もし「ひらがなで書け」という指示が出されてしまったら、正しい読み方を思い出せず、間違えてしまうという可能性もあります。誤字による間違いのリスクを取るか、読み間違いのリスクを取るかですね。難しい選択になりますが、「福沢諭吉」などはまさか本当に「ふくざわさときち」と読むとは思わないでしょうから、読みと書きで別々に暗記していてもさほど問題ないでしょう。

その方法がどうしても気になるようでしたら、授業中ノートを取るときや宿題をやるときに、「福沢諭吉　×輸」などと記入して、地道に覚えていくしかありません。過去に間違えたことのある漢字について、大判の付箋紙に記入して、壁などに貼っておくという手も、古典的な方法ながら有効だと思います。

Ｂタイプの場合は「**ひと言追加法**」をおすすめします。これはどういう方法かというと、たとえば「卑弥呼」ならば「ひみこが**呼んでる**」、「藤原頼通」ならば「よりみちが**通る**」、「鹿嶋市」ならば「かしま市（茨城県）には**山がある**」などと、ひと言追加して覚えてしまうという方法です。こうすれば単なる社会用語に意味を追加することができるので、「エピソード記憶」の効果も相まって、ミスをしない体質が作れると思います。

漢字ミスに関するおすすめをもう１つ。「漢字ミスノート」を作ることです。ケアレスミスはやってしまったときには目の前に間違えた答案がありますから、目に見えて認識しやすいですし、そのときはきちんと反省できます。しかしテストが終わって３日もたてばミスのことなどすっかり忘れてしまいます。これが「ミスを繰り返す」原因です。

そこでミスを繰り返さない方法として最も効果的なのが「ミスの視覚化」という作業です。これは目に見える形でミスを残しておくということです。

方法は実に簡単です。A６かB６くらいの小さなノートを買ってきてください。目立つ色のものがよいと思います。その表紙には「漢字ミスノート」とでっかく大書きしましょう。とにかく目立って、持ち歩け、いつでも開けることが大切です。

そして中に「間違えた漢字」を書き込んでいくのですが、このとき「１ページに１つ」の原則を守ってください。漢字を小さな文字で書いていると、ケアレスミスは直りません。**漢字は大きく書くのがコツ**なのです。これを入試直前まで続ければ、自分のいろいろな漢字ミスが１冊にまとめられていくので、ミスを減らすのに大変有効です。ぜひやってみてください。

MIYAMOTO METHOD
ケアレスミスをなくす「宮本メソッド」30

社会の漢字間違いは「ひと言追加法」を用いよ

STOP a careless mistake

case31

影の薄い人物は記憶に残らない

Q31

歴史上の人物がどうしても覚えられないんです。紛らわしい人物はどうしたら覚えられますか？

たとえば、こんな問題を考えてみましょう。

〔問題〕次の１～３はそれぞれどの人物を表したものでしょう？
以下のア～ウの中から選び、記号で答えなさい。

１．桶狭間の戦い・楽市楽座・安土城・本能寺の変
２．天下統一・太閤検地・刀狩・朝鮮出兵
３．関ヶ原の戦い・江戸幕府・日光東照宮

ア　織田信長　　イ　豊臣秀吉　　ウ　徳川家康

どうですか？　ほとんどの人が間違わずに選べたのではないでしょうか？　え？　そんなの当然だって？　確かに歴史上の人物でこの３人ほど有名な人はほかにはあまりいませんね。しかしただ「有名」だからというだけで、これほどまで人々の印象に残るものでしょうか？　小学校時代の社会で、同じように北条時宗や松平定信を学習しているはずなのに、彼らのことはほとんど印象に残っておらず、織田信長や豊臣秀吉らのことは強く印象に残っているのはいったいなぜなのでしょうか？

実はここにこそ、**歴史上の人物を暗記するヒント**が隠されているのです。

入社試験などで面接官の印象に残る人物というのはどんな人物でしょう。清潔感があり、はきはきとものをしゃべり、きびきびとした行動の取れる人物が好印象なのは間違いありませんが、それだけでは面接官に強く記憶づけることはできません。

必要なのは、ズバリ**「キャラ立ち」**していることです。「キャラ立ち」といってもただ目立てばよいというものではありません。しっかりと根づいた知識や経験によって自らの信念や夢を語ることのできる人物、そして人とは違った視点を持っている人物こそ、入社試験の面接時には印象に残りやすいものです。

歴史上の人物たちだってそうです。豊臣秀吉や徳川家康は、明確なキャラクター（個性）を持って教科書などに載っていますね。学校の先生も「鳴かぬなら殺してしまえホトトギス」「鳴かぬなら鳴かせてみせようホトトギス」「鳴かぬなら鳴くまで待とうホトトギス」などの言葉を紹介して、３人の個性をわかりやすく説明します。つまり、この３人は**「キャラ立ち」**しているわけです。

他にも「この世をば 我が世とぞ思ふ 望月のかけたることも

なしと思へば」と詠んだとされる藤原道長や、「平家にあらずんば人にあらず」（実際に本人が言ったわけではない）の平清盛、「10人の人の声を同時に聞き分けた」とされる聖徳太子や、志半ばで暗殺された坂本竜馬など、**「キャラ立ち」**している人物はやはりよく覚えていますよね。

一方、歴史上の重要な出来事に関わってはいても、記憶に残りにくい人物もいます。「御家人の前で演説し、戦いを勝利に導いた尼将軍」といえば「北条政子」とすぐ出るのに、誰と戦ったのかと問われてもなかなか出てこないのは、相手方の後鳥羽上皇があまり**「キャラ立ち」**していないからでしょう。

そこで、歴史上の人物が覚えられない、せっかく覚えていたのに取り違えてしまう人は、歴史上の人物を**「キャラ立ち」**させて暗記することをおすすめします。教科書に掲載されている肖像画などをアレンジして似顔絵などを描き、行なったことなどからその性格を想像して、キャプションをつけておくとよいですね。

江戸時代の３大改革を行なった人物や政策は混同されがちなので次ページのように**「キャラ立ち」**させて覚えます。

もちろんここまで凝る必要はありません。ひとコマ漫画でも、場合によっては落書きでもいいのです。大切なことは歴史上の人物に個性を持たせ、具体的なイメージをつけることです。自分で似顔絵を描きながらキャラ設定をすれば、その人物に愛着もわきますから、記憶もより強固なものとなるでしょう。隣人の名前は忘れても、友人の名前は忘れないものですから。

徳川吉宗の享保の改革

松平定信の寛政の改革

水野忠邦の天保の改革

MIYAMOTO METHOD

ケアレスミスをなくす「宮本メソッド」31

歴史上の人物は「キャラ立ち」させて記憶せよ！

STOP
a careless mistake

case32

「マイ地図帳」を1冊持とう

Q32

松江市と松山市と高松市がごっちゃになるのです。いい覚え方はありますか？

県庁所在地。確かに覚えにくいですよね。47都道府県のうち、東京都を除いて道府県名と道府県庁所在地名が異なる県は全部で18あります。

北海道（札幌市）・岩手県（盛岡市）・宮城県（仙台市）・茨城県（水戸市）・栃木県（宇都宮市）・群馬県（前橋市）・埼玉県（さいたま市）・神奈川県（横浜市）・山梨県（甲府市）・石川県（金沢市）・愛知県（名古屋市）・滋賀県（大津市）・三重県（津市）・兵庫県（神戸市）・島根県（松江市）・香川県（高松市）・愛媛県（松山市）・沖縄県（那覇市）の18道県のみ。

ところでこうした地理情報を覚えていく際に、ただ地名を覚えればそれで終わりというわけにはいきません。地図上の位置もきちんと把握しておかねばなりません。つまり少なくとも地理の知識を記憶する場合、名称と位置情報の両方を頭に入れなければならないわけです。

しかし多くの受験生は、名称と位置情報を別々に暗記します。位置情報に関しては、テキストに掲載されている小さな地図を頼りに、大まかな位置を把握するにすぎません。これではほとんど記憶に残りませんし、せっかく覚えた地名の方も時がたてば風化してゆくことでしょう。「社会」の章に入ってから何度となく申し上げてきたことですが、ウロ覚えはケアレスミスを誘発します。ミスをしないためにも、確固たる知識を脳に焼きつけなければなりません。

そこで私は、**「地図帳作戦」**を提案いたします。地理の情報をノートに断片的に書き込むのではなく、すべて地図上に集約していくのです。次ページ下の地図帳は私の塾の生徒のものですが、**山地・山脈・平野・台地・盆地、河川・湖・湾、島・半島・岬といった地形をはじめとし、農業・畜産業・水産業のさかんな地域や工業都市・鉄道・港などに至るまで、地図帳にマークをつけたり書き込んであります**。こうしておけば、宿題をやるときもテストの解き直しをするときも、地図帳1冊を見れば地理のことは何でも書き込まれているため、効率よく学習ができるのです。

「地図帳作戦」の最大のメリットは、その土地の情報（産業や地形）だけではなく、位置情報も脳にインプットされるという点です。

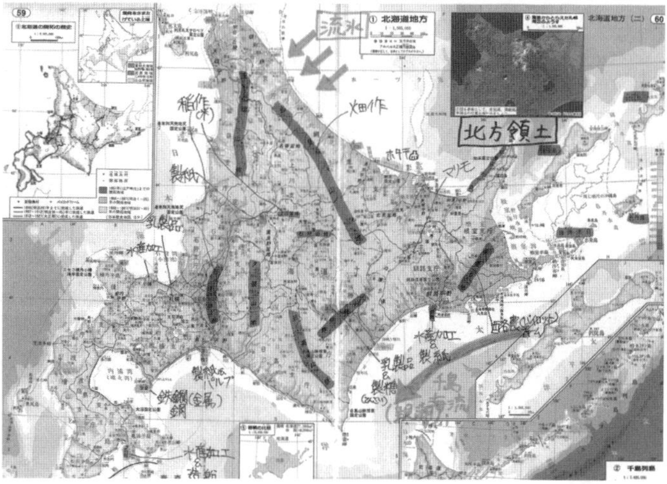

たとえば、野菜の早づくり（促成栽培）は春先でも暖かい気候を利用して、夏野菜を春に収穫し出荷する農法ですが、宮崎県の宮崎平野や高知県の高知平野、千葉県の房総半島などでさかんです。日本地図を見るといずれも日本列島の南側に位置し、暖流である日本海流（黒潮）の影響を受け、暖かい気候であることが理解できます。「促成栽培……宮崎県宮崎平野・高知県高知平野・千葉県房総半島」と、テキスト情報だけで覚えるよりも、はるかに頭に入りやすいですよね。

同じく南側に突き出している紀伊半島は、紀伊山地があり、山がちなため、主に平野部で行なわれる野菜づくりには適さないことも理解できます。そのかわり紀伊半島は、温暖な気候を利用して、だんだん畑によるみかんやキウイなどの果樹栽培が盛んに行なわれています。また、多雨の気候を利用して、吉野スギや尾鷲《おわせ》ヒノキなどの人工林による林業も盛んですね。

このように、地図帳を上手に利用すれば、文字情報に偏りがちなテキストにはなかなか書いていない情報を、たくさん得ることができます。これらをまとめれば知識が有機的につながり、広がっていきます。すると「エピソード記憶」の効果も相まって、忘れにくく正確な知識をインプットすることが可能となるのです。

「地図帳作戦」に慣れてきたら、今度はそれらの情報を「白地図帳」にまとめていきましょう。「白地図帳」は白いキャンバスと一緒です。自由に情報を書き込んでいくことで、自分だけのオリジナルのテキストを作ることができます。**地理の学習はノートなど使わずに、白地図帳１冊にまとめてしまいましょう。**そうすれば宿題をやるときも、復習するときも、何かを調べるときも、その１冊に戻ればよいわけですから、非常に効率よく学習を進めることができます。

最初は大変に感じますが、徐々にマイオリジナルテキストができ上がっていくのは、本当に楽しいですよ。ぜひチャレンジしてみてくださいね。

MIYAMOTO METHOD
ケアレスミスをなくす「宮本メソッド」32

地理はノートではなく「地図帳」にまとめよ！

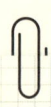

STOP a careless mistake

case33

選挙特番は家族で見よう

Q33

社会で公民分野を習い始めてからさっぱり暗記ができなくなってしまいました。興味がなくて困っています。

確かに「公民分野」というのは子どもたちにとって興味の薄い対象でしょう。なぜならば子どもたちにとって、政治や社会保障の話は、自分には関わりのないことのように感じられるからです。そもそも、子どもたちの周りにいる大人たちがそうしたことに興味・関心を持っていないので、子どもたちがそれらに興味を持とうはずがありません。子どもの「公民離れ」を助長している責任は、私たち大人の側にあると反省する必要があります。

「公民」の学習はかなり細かい知識を要求されます。たとえば皆さんは日本の国会議員の人数をご存知ですか？　衆議院議員480名と参議院議員242名、合わせて722名いるのです。

もちろん中学受験生は、この人数を単純に覚えるだけでは足りません。国会に関しては次のページの表に示した数字につい

	衆議院	参議院
被選挙権	25歳以上	30歳以上
任期	4年	6年（3年ごとに半数改選）
解散	あり	なし
定数	480人	242人
選挙制度	小選挙区　300人 ※全区定数1名	選挙区　146人 ※県単位、定数1-5名
	比例代表区　180人 ※政党単位、全国11区	比例代表区　96人 ※政党単位、全国1区

て細かく覚えていかなければならないのです。これほど細かい数字が並んでいますと、どうしてもミスが多くなります。また衆議院と参議院の二院制をとっていますので、それだけ混同しやすく、さらにミスを助長します。

子どもたちの興味を喚起するために、私は授業中によく日本の借金の話や朝鮮民主主義人民共和国（北朝鮮）の話にからめて憲法第九条の暗記をさせます（P.157）。危機感をあおるような情報を子どもたちに教えるべきではないというご意見もあるでしょうが、私はそうした情報もきちんと伝えるべきだと考えています。

そうした情報を伝えると、子どもたちはかなり興味を持って話に食いついてきます。たとえば「国会議員一人あたりに年間約3500万円のお金が支払われているが、単純計算で毎年250億円ものお金が国民の税金から国会議員に支払われている計算になるね」などと伝えると、子どもたちの目はランランと輝き、本気で国家の仕組みについて考えたりします。中には「将来国会議員、できれば内閣総理大臣になって、この国の国債を減らし、予算の使い方や国政のあり方を見直し、国を立て直したい」と本気で語る教え子も出てくるくらいです。

子どもたちは「政治などに無関心」なのではありません。私たち大人が無関心すぎるために、政治に関心を持ちようがないだけなのです。

私は小中学校の教育内容の改革に本気で取り組みたいと考えていますが、そんな長期的スパンのことではなくて、まずは保護者の皆さんにもっと政治に興味を持っていただき、子どもと日本の政治について語り合う機会を持ってほしいなと考えています。

そこでおすすめなのが、選挙が行なわれたときに放送される「選挙特番」を家族そろって見ることです。できれば選挙運動が始まったときから家族で選挙に興味を持ち、各党のマニフェストをよく読んで、投票したい政党まで子どもたちに決めさせるとよいでしょう。そうすればさらに選挙に対して興味が湧き、細かい知識などもどんどん頭に入っていくと思います。

選挙特番ではさまざまな時事問題についての情報をもたらしてくれます。「税の問題」「社会保障の問題」「外交問題」など、入試に出題される話題が目白押しです。実際入試では、公民分野からの出題は、その年の時事問題がらみのケースが多いですから、時事問題を中心に学んでいけば、効率よく「公民分野」を学ぶことができるでしょう。

一般的にはなかなか興味が持てない「公民分野」で知識を高めることができれば、ほかの生徒との点差をつけられますので、ぜひとも家族でチャレンジしてみてくださいね。

〔憲法第九条〕

1．日本国民は、正義と秩序を基調とする国際平和を誠実に希求し、国権の発動たる戦争と、武力による威嚇又は武力の行使は、国際紛争を解決する手段としては、永久にこれを放棄する。

2．前項の目的を達するため、陸海空軍その他の戦力は、これを保持しない。国の交戦権は、これを認めない。

MIYAMOTO METHOD
ケアレスミスをなくす「宮本メソッド」33

↓

公民分野の苦手は家族みんなで克服せよ！

case34

社会の記述こそ丸暗記が有効

Q34

うちの子、社会の記述を面倒くさがってやろうとしないのです。社会は知識を暗記させるだけでよいですか？

〔問題〕

秀吉の刀狩の意図とはどのようなものだったと理解できますか。次の「刀狩令」の一文と、【図２】をふまえて、考えられることを述べなさい。（駒場東邦中　H 23・改）

> 一　百姓は，農具だけをもって耕作に専念していれば，子々孫々に至るまで幸せに暮《く》らしていけるであろう。…この旨《むね》を守り，その意向を十分に承知して，百姓は農耕・養蚕《ようさん》に精を出すべきである。

【図２】

（写真提供：会津若松市）

〔解答例〕

室町時代後期、農民を中心とする一揆が頻発し、幕府が衰退していった。そこで秀吉は、農民たちによる一揆を防ぐため、農民たちから武器を取り上げる必要があった。また安定的に年貢収入を得るため、農民たちを農業に専念させる狙いもあったと考えられる。

室町時代末期、正長の土一揆や加賀の一向一揆などの一揆が頻発し、幕府の力が衰え、群雄が割拠する戦国時代へと突入しました。天下を平定した豊臣秀吉としては再び戦国時代に逆戻りすることを恐れ、小さな地方反乱にも目を配る必要があったのです。また、平和な豊臣政権を維持するためには、大名たちに与える俸禄を確保する必要がありました。そこで太閤検地を行なって全国の農地を測量し、農民を農業に専念させることで安定的な年貢収入を得ようとしたのです。

室町時代から戦国時代を経て、秀吉による天下統一までの歴史の大枠をとらえるのに大変有効な問題です。

続いては、以下の問題を見てください。

〔問題〕

「衆議院の優越」は議決にもいくつか認められています。なぜ議決に際して一方の議院を優越させる必要があるのですか。理由を簡単に説明しなさい。

（豊島岡女子学園中　H 21）

〔解答例〕
衆議院と参議院において異なった議決となった場合、もし両院が対等であるとどちらの議決をも優先することができず、国会で何も決められなくなってしまうから。

通常は「なぜ衆議院に優越が認められているのか」と問うのに対し、本問は「二院制のあり方」について尋ねています。テキストなどには載っていない切り口で受験生に考えさせる良問です。こうした問題を通じて、別の角度から物事を見る訓練が可能となります。

記述問題を解くには、**必要な知識がしっかりと頭の中に記憶され、かつ整理されている**必要があります。知識をきちんと記憶せずに記述を書こうとしても、いい答案を作ることは難しいでしょう。社会の学習の根幹である「知識の定着」こそが記述問題を解く上で大変重要なのです。

ところでcase29において、社会の暗記を効率よく進めるカギは「エピソード記憶」にあるというお話をしたと思います。「エピソード記憶」とは、１つひとつの断片的な知識を有機的に組み合わせて１つの物語を作り、まとまった形で記憶するというやり方でした。まとめて覚えるほうが、断片的に覚えるよりもはるかに効率的で学習しやすいものです。

では先ほどの問題の〔解答例〕を再度お読みください。まさに「エピソード記憶」の模範解答になっています。これにもう少しだけ必要な知識を肉付けすれば完璧ですね。記述問題の解答は要点をコンパクトにまとめてあるので、歴史の流れを学習したり政治の仕組みを学んだりするには、大変有効なのです。

「社会が苦手」だという生徒は、とかく「記述問題」を後回しにしがちです。もちろん記述問題はバックグラウンドとなる知識が頭に入っていないと答案は書けませんので、記述問題をやるよりも先に知識を覚えていくことは、順番として間違っていません。しかし知識がなかなか頭に入っていかないという生徒の場合、細かい知識は後回しとし、最初に大きな概要を理解していくことは、有効な手段であると言えます。

そこで記述問題の解答の出番となります。**記述問題を「解く」ために用いるのではなく、「解答を読む」「解答を書き写す」ために用いる**わけです。解説全部を書き写して学習するのでも構いません。大枠をつかんで細かい知識を覚えていけば、知識の暗記で苦労した生徒も効率よく暗記を進められると思います。

問題集は「問題を解く」ことにしか使えないと思っている方が多いのですが、賢い生徒ほど解説をよく読んでいるものです。解答部分のみを見て終わりにするのではなく、解説をうまく活用できるようになることも成績アップの秘訣です。

MIYAMOTO METHOD
ケアレスミスをなくす「宮本メソッド」34

↓

社会の暗記は記述問題の解答・解説をうまく活用せよ!

STOP
a careless mistake
METHOD

社会のケアレスミス攻略

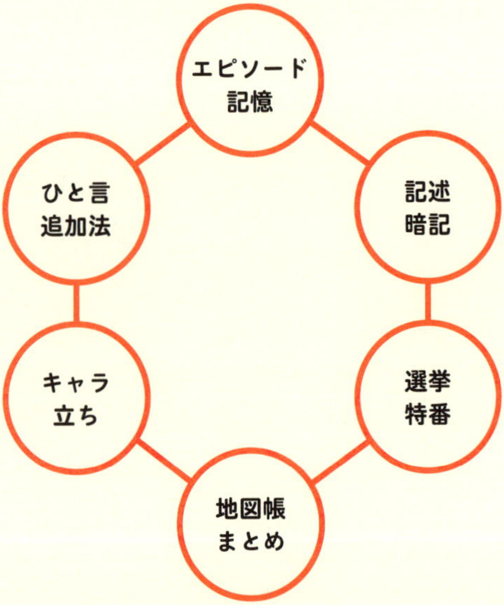

STOP
a careless mistake

PART 5
ミスをしない子に育てよう

STOP a careless mistake

case35

ミスをしない人は、実はたくさんミスをする

Q35

うちの子は本当にミスが多いのです。こんなにミスが多い子はミスをしないようになるなんて不可能なのでしょうか？

ケアレスミスをなくすための啓発本を書いている私ですが、実は非常にミスの多い男なのです。これは小学校時代から、いやもっと前からあまり変わっていません。

小さい頃はいく度となく、道路に飛び出して車にぶつかってばかりいました。母親から何度注意されても、またやってしまうのです。いつかこの子は車にひかれて死んでしまうのではないかと母親から本気で心配されていました。海に遊びに行けば、沖のほうに腰まで浸かって立っている父親の姿を見て走り出して、深みにはまり溺《おぼ》れかけました。部屋で遊んでいれば、積み木車と呼ばれるおもちゃにまたがり室内を走り回って、勢い余って頭からガラス窓に突っ込み、左目の下を３針も縫う大けがをしました。私の幼少期の武勇伝を数え上げようとしたら、枚挙にいとまがありません。こんなにミスの多い奴の言うことなんて、まったく信用できませんよね。

ところが小学校４年生くらいを境にして、パタリと危ない目に遭わなくなったのです。それと同時に、それまでは算数では計算ミスを多発し、国語では写し間違いなど日常茶飯事だったのに、学習面でのケアレスミスによる失点も、グッと減っていったのです。なぜ私は急にミスをしなくなったのでしょう？

私のミスは相変わらず多かったのですが、あるときから**「ミスに気づくことができるようになった」**のです。たとえば横断歩道では、飛び出しそうになる瞬間に急ブレーキをかけられるようになりました。公衆トイレに財布を置き忘れても、３歩歩くと置き忘れたことに気づき、取りに戻ることができるようになったのです。計算ミスも漢字ミスも、ミスした直後に「何かおかしい」と気づいて、確かめができるようになったのです。

つまり私はミスが減ったのではなく、ミスをしてもそれが重大事故につながる前に気づくことができるようになったというわけです。これは私にとって大きな転機でした。

「ヒトは必ずミスをするもの」。既にご説明しましたが、このことは人間工学の基本的な考え方です。大学時代、研究室にあった大型の電動裁断機を見たときに、私はそのことを痛感しました。それは機械の左右にボタンがついていて、両方同時に押さないと機械が作動しないのです。指などを裁断機の中に入れた状態で刃が降りないように、作動させるときにわざと使用者に両手を使わせるのです。おそらく過去に何人もの人が、大型裁断機で指や腕を落としてきたのでしょう。その過程の中で「腕を中に入れた状態でスタートボタンを押さないこと」とか「指を落とす危険があるので、取り扱いには注意せよ」といった注意喚起が何度もなされ、いく度となく貼り紙が貼られたことでしょう。それでも事故がなくならなかったため、人々は考え方を変えたのです。**「ミスをゼロにする努力をするのではなく、ミスをしても大丈夫なように機械の側を作りかえよう」**と。

「ミスそのものをなくすことは難しい」という人間工学の基本的な考え方に立脚すると、ケアレスミスに対処する方法もおのずから「ケアレスミスをなくせ」というものから、「どうしたら子どもがケアレスミスをしなくてすむか」とか「どうしたら自分のミスに気づけるか」といった方向に変わってきます。そうして初めて「もっと注意深く！」とか「もっと慎重に！」といった精神論に終始していたケアレスミス対策が、より具体的な方法論へと変化するのです。そのためにもまずは保護者の皆さんが**「ケアレスミスは絶対になくせないのだ」**と腹をくくる必要があります。そうしないと、子どもがミスをしたときに「なぜミスするの⁉」とイライラして子どもを厳しく叱責し、あまり効果の期待できない精神論へと陥ってしまう危険からいつまでも脱却できません。

　前述したとおり、私自身もケアレスミスの多い人間です。小さい頃はそのせいで何度も自らの命を危険にさらしてきました。そこで悟り得たことが1つあります。それは**「ミスをたくさん重ねることで、ミスしてもリカバリーする術を身につける**

ことができた」ということです。自分がミスをおかしても、それが重大事につながらないのは、ミスをおかしたときに「何かがおかしい」と気づけるからです。しかし、それはミスを重ねて経験を積まないと身につけられないことです。そしてその感覚はとても繊細なものですから、誰かからプレッシャーを受けている状態ではうまく作動しないものでもあります。

子どもたちがミスをするのは、今まさに成長している証です。**「子どもがミスをするのは当たり前のことである」**と、まずは保護者の皆さんに覚悟を決めていただき、子どもたちが「ミスしたときの微妙な雰囲気の違い」とか「ミスした瞬間の違和感」に気づけるようになるのを待つという姿勢もまた、ケアレスミスを防ぐには必要なことのように思います。

算数

国語

理科

社会

ミスをしない子

MIYAMOTO METHOD

ケアレスミスをなくす「宮本メソッド」35

親が「子どもはミスして当たり前」と覚悟せよ

STOP
a careless mistake

case36

ケアレスミススパイラルに気をつけろ!

Q36

うちの子、何度言ってもテストのとき計算ミスをするので、毎回叱るのですが直りません。もっと厳しく言うべきですか?

通常、ミスは緊張感が足りない場合に起こります。ぼうっとしていてついうっかり電車の中に傘を置き忘れた。得意料理を作っているとき、得意なはずなのに水を少し入れすぎてしまい、いま一つの出来になってしまった。などなど。どなたでも一度は経験があるのではないでしょうか。

緊張感が足りなくなるのは次のようなケースです。

1. その作業にとても慣れている場合。慣れた作業の場合、ヒトはほとんど自動的に体が動くため、特に緊張度が高くなくても作業を完遂できる。そのため油断が生じ、ミスを誘発しやすい。

2. その作業にとても自信がある場合。過去にその作業において優秀な結果を何度も残していると、ヒトは今度もまたどうせうまくいくだろうと過信する。すると

作業の精度が下がり、ミスをおかしやすくなる。

3．作業がちょうど集中力の低下する時間帯にあたっている場合。ヒトは午前2時と午後2時に睡眠欲求が最も高まると言われている。その前後1時間はミスをしやすい時間帯と言える。

一方、緊張度が高すぎる場合もミスをおかしやすいと言われています。みんなの前でスピーチをしなければならなくなり、緊張のあまり何度もかんでしまった。大変重要な試合で、プレッシャーからエラーをしてしまい、試合に負けた。こうした例はいくらでも挙げることができます。

そして一般的には、**緊張度が高すぎる場合のほうが、緊張感が足りない場合に比べて、対策は立てにくいのが普通**です。なぜなら緊張をほぐすほうが緊張感を持たせるより、はるかに難しいからです。気が緩んでいる場合は叱咤激励すれば気持ちが引き締まります。大きな音を出すことでも緊張感は高まります。眠いときには仮眠をとるのも有効でしょう。しかし、緊張している人に向かって「緊張するな」「肩の力を抜け」「深呼吸しろ」と言っても、なかなかうまくいかないものです。緊張を解くことはそう簡単ではないのです。

模擬試験などで緊張が高まり、ケアレスミスをおかしてしまう子どもは多くいます。序章の事例1にあったように、自宅に戻って落ち着いてやり直してみると、解ける問題がたくさん出てきて、結局20点くらい損をしていた、などということは決して珍しくありません。模試ですらかなりの緊張度なのですから、実際の入試での緊張度たるや、大人の想像以上のものであろうと思われます。ましてやまだ12歳です。模試や入試は大きなプレッシャーがかかる場面です。そうした緊張感の中で、「１つもミスをしない」というのは相当難しいことと思います。

ここで私たちは、２つのことを考えねばなりません。１つは**「子どもをなるべく過度の緊張状態に置かない」**ことです。子どもがケアレスミスをたくさんした答案を持ち帰ると、世のお母さん方の多くは「なんでこんなにミスをするの！」とか「このミスがなければ20点も上がっていたじゃない！」と言って子どもを叱責します。

しかし考えてもみてください。テストでミスをおかしたのは何時間も前の話です。ミスをおかした直後に叱責されるなら、子どもも「ああ、次はここの繰り上がりでミスしないようにしよう」と具体的に反省できますが、ずいぶん時間がたった後だと、ミスに対する実感が薄れ、反省も漠然としがちです。また今さら叱責されたところで点数が戻ってくることはありません。

さらにマイナスの効果もあります。**あまりに厳しくミスを糾弾されると、子どもは次のテストのときに「今度こそ絶対ミスするもんか」と過度にプレッシャーがかかってしまいます。**緊張感が高まれば当然ミスをしやすくなります。ミスをすればまたお母さんの怒りが高まり、子どもにプレッシャーがかかり……まさに悪循環ですね。これを私は**「ケアレスミススパイラル」**と呼んでいます。非常によくない状況です。

この状況を回避するにはどうすればよいのでしょう。まずケアレスミスをしてしまった子どもに、否定的な声かけはしないようにしましょう。過去のことを責められてもヒトは「そんなこと言われたってもう終わったことだからどうしようもないじゃん」と感じ、素直に受け入れられないものなのです。その代わり未来に関する提案をしてあげてください。たとえば「ケアレスミスで20点も損してるじゃない！」ではなくて**「ケアレスミスに気をつければ20点は上がるよね」**、「こんなにミスばかりじゃ志望校に受からないよ！」ではなく**「ミスさえなくなれば志望校合格の希望が持てるからがんばろう！」**といった具合にです。

家族会議などを開いて、どこをミスしたのか、そしてどう修正すればいいのかを穏やかに建設的に話し合うことも効果的です。そのときご自身のミスの話をしていただき、ミスを共有することで、子どももケアレスミスと向き合う心が生まれ、前向きに改善していけると思います。

子どもに寄り添い、長い目でケアレスミスを改善していくようにしましょう。直すには時間がかかるものであると腹をくくれば、それほどイライラもしないものです。

MIYAMOTO METHOD

ケアレスミスをなくす「宮本メソッド」36

子どものミスには家族会議で建設的な意見を！

case37

プレッシャーに打ち勝つことは人生最初のハードル

Q37

うちの子、プレッシャーに本当に弱くて、テストでいつも緊張してしまうんです。どうしたらいいですか？

私たちが考えねばならないもう１つのことは、「プレッシャーに打ち勝つ方法」についてです。入試というものはどうしても、子どもに強いプレッシャーがかかってしまいます。これを回避することはできません。ですからプレッシャーに強い体質を作っておかないと、入試本番でミスをして不合格になるという事態になってしまうかもしれないのです。

皆さんの中には「うちの子、プレッシャーに強いのか、模試などでも緊張したことがほとんどないのよ。だからこの項は読まなくてもいいわね」と感じて読み飛ばそうとしている方もいらっしゃるかもしれませんが、ちょっと待ってください。普段は緊張しないタイプでも、ある日突然緊張するようになったりすることがあるのです。

私も何を隠そう小学校時代からずっと緊張とは無縁の人生を送っていました。模試でも入試でも緊張した思い出はまったくなく、親や先生から「肝っ玉がすわっている」と評価されていました。そんな私もいつしか大人になり、大手塾に就職して２年目、保護者イベントの司会という仕事が回ってきたときのことです。イベントの司会はその会社では、２～３年目までに回ってくる仕事で、それほど大きな役回りではありませんでした。マニュアルを熟読し、何度かリハーサルをして準備万端で臨んだのです。

ところがその日私は初めて、それを味わうことになったのです。100名ほどの保護者を相手に、マイクの前に立った瞬間、私はかつて経験したことのない緊張感を味わいました。心臓が高鳴り、頭が真っ白になったのです。「それでは保護者会を始めます」という最初のセリフの「それでは」で私の声は裏返り、あとはつっかえたり言い間違えたり、とにかくひどい司会っぷりでした。今でもはっきりと覚えていますが、当時のことを振り返ると苦笑しか出てきません。

それから３年間、私は司会の仕事を与えられることはありませんでした。私自身すっかりしょげかえり、大きな挫折を味わいました。３年たって私に再びイベントの仕事が回ってきました。司会ではなくプレゼン担当の一人に抜擢されたのです。しかも400名規模の会場で。私は正直自信がなくなっていたため、辞退しようと思いました。しかしここで克服しておかなければ、一生後悔すると思い直し、その役を引き受けたのです。

結果は自分にとっても意外なものでした。まったく緊張することなく、無難にプレゼンを終えることができたのです。３年前の司会のときになぜあんなに緊張したのか、自分でも不思議なくらいでした。以後何度も壇上に立つようになり、退社後は現在の塾でイベントを企画して、年間のべ200名以上の方の前でセミナーなどを行なっていますが、緊張することはありません。
何が原因で急に緊張するかわからないものです。ですからお子さんがたとえまったく緊張しないタイプでも、続きは必ずお読みください。

プレッシャーに強い体質をつくることはなかなか容易ではありません。やはり数多くのプレッシャーのかかる場面を体験させていくしかないでしょう。場慣れをすればだんだんと緊張しなくなってくるものです。
いちばん簡単な方法としては、模擬試験をたくさん受験させることです。オーソドックスですが効果はあります。実際の入試のときに、第1志望校の前に1月の早い日程で練習校を受験するのも同じようなことですね。お母さんの中には「行くつもりのない学校は受けさせる気はありません」といって練習校を否定される方もいらっしゃいますが、ここは1月のうちに練習校をぜひ受けておかれることをおすすめします。
プレッシャーに打ち勝つ方法として、「スピーチコンテスト」などにチャレンジさせるのはいかがですか？　壇上に立つと、助けてくれる人は誰一人としていないのだと実感できます。子どもたちが模試、入試会場で緊張するのは**「応援者」と「協力者」の違いがよくわかっていない**せいなのです。家族や先生は応援はしてくれるけれども試験では手伝ってはくれない、そのときに子どもたちは孤独感を感じて緊張するのです。親に守られて過保護に育てられている子ほど、試験会場にいきなり一人で投げ込まれ、緊張して実力を出せずに終わってしまうケースは多いのです。

「スピーチコンテスト」では頼れるのは自分だけです。そうした経験をすることで子どもたちは、中学受験は実は孤独な闘いなのだ、と知ることができます。それを知ることこそ、大きな精神成長の第一歩であると言えます。

楽器をやっている子なら演奏会が、スポーツをやっている子なら試合が、緊張感に打ち勝つ訓練になることもあります。

あまり無責任なことは言えませんが、子役オーディションなどを受けてみるのもアリかもしれません。誰かの前で自分をアピールすることは度胸がつくこと間違いなしですから。

社会に出れば誰かの前でプレゼンをしなければならない機会は頻繁に訪れるでしょう。そのときに（私のように）しどろもどろになったのでは３年間くらいはチャンスを逃してしまうかもしれません。人生のハードルを乗り越えさせるつもりで、子どもたちにはぜひいろいろな体験をさせてください。

MIYAMOTO METHOD

ケアレスミスをなくす「宮本メソッド」37

子どもには発表会にチャレンジさせよ！

STOP a careless mistake

case38

つめこめばつめこむほどミスは増える

Q38

塾の宿題がなかなか終わらなくていつも深夜までかかってしまいます。寝不足もケアレスミスに関係あると思うのですが。

2012年4月、京都府亀岡市で集団登校中の小学生の列に軽自動車が突っ込み、10人が死傷するという痛ましい事故が起こりました。事故を起こして逮捕された運転手の少年は「一晩中寝ずに運転していた」と供述しています。

これは決して「ケアレスミス」などとは呼べない重大事故ですが、1つの事実を浮き彫りにしています。睡眠不足は深刻な事態を招くという事実です。

「ヒューマンエラー」に関するさまざまな文献を読むと、エラーを引き起こす1つの要因として、「疲労や睡眠不足などによる注意力・意識レベルの低下」が挙げられています。しかしながら受験勉強においてはなぜかこのケアレスミスを引き起こす重大なファクターが軽視されているように感じます。

睡眠不足は集中力の低下やケアレスミスを引き起こすため、子どもたちにはなるべくしっかりと睡眠を取らせるべきである。これが本項の1つの結論ですが、子どもたちの十分な睡眠時間を確保すべきである主たる理由は、「ミスを回避するため」だけではありません。

2011年1月、「ネイチャー・ニューロサイエンス」というアメリカの科学誌に掲載された心理実験の結果は、私たちに興味深いデータを提供してくれます。ドイツの研究者スザンヌ・ディーケルマン氏らは次のような実験を行ないました。

まず24人の被験者に、1度目の実験としてごく一般的な図柄が書かれた15種類のカードを記憶してもらいました。次に被験者を無作為に2つのグループA・Bに分けました。まずAグループには、40分後に1度目のカードとよく似た図柄のカードを記憶してもらいました。このとき被験者たちは1度目のときと同じ環境下に置かれました。一方、Bグループには、1度目の実験と同じ環境下で、軽い睡眠を取らせた後に、Aグループに2度目に記憶させたのと同じカードを記憶してもらいました。その後、A・B両グループに**1度目に覚えたカード**についてテストを行ないました。

その結果、睡眠を取ったBグループのほうが、睡眠を取らなかったAグループよりも、テストの点数がよかったことが判明しました。眠らなかったAグループの平均正答率が60%だったのに対し、睡眠を取ったBグループの平均正解率は85%だったのです。

睡眠を取ることによって、脳内では記憶の再構成が行なわれていると言われています。ばらばらに記憶されたものが整理され、忘れにくくなるのです。また、起きていると生活の中でさまざまな情報にさらされますので、記憶の定着が阻害されてしまうということも考えられます。いずれにしても「十分な睡眠」と「学習効果」は切っても切れない関係にあるようです。

私がセミナーなどでよくご紹介する有名な心理実験に、ドイツの心理学者ワグナーらが2004年に行なったものがあります。これは、一定の学習の後、その学習に関して「ひらめき」が働くかどうかを調べた実験です。

この実験では、「学習をしたあと８時間の睡眠を取ってからテストをしたグループ」が他のパターンのグループよりも、「ひらめき」を得る確率が高かった（約60％がひらめきを得た。他のグループは22％～25％）という結果となりました。

覚醒時に入力された情報は、睡眠中に自動整理されます。そのため睡眠から目覚めた脳は、睡眠を取る前に学習した内容に関する「ひらめき」を得やすい状態だったと考えられるのです。

このように「睡眠と記憶」あるいは「睡眠とひらめき」の間には、密接な関係があることが、さまざまな心理実験や脳科学によって証明されています。こんなにも多くの科学者が「睡眠は大切だ」と言っているにもかかわらず、中学受験の世界ではいまだに「睡眠を削って勉強する」という悪しき伝統からなかなか脱却できません。これはいったいなぜなのでしょうか。

そこには「勉強時間」と「学習効果」にあたかも比例関係が成り立つかのように宣伝をする、現在の中学受験業界の体質があるからにほかなりません。少子化の影響でますます優秀な生徒の取り合いとなりつつある中学受験業界は収益を上げるために売上を増やす必要があります。そこでさまざまなオプション講座を用意し、それをたくさん取らせることで単価をつり上げていくわけです。しかしレギュラー授業の宿題が終わりきらないところにオプション講座も取れば、家庭学習の時間が逼迫していくのは明白です。子どもたちは一層、深夜学習への道を歩まざるを得ません。

「成績がなかなか伸びない」「子どものケアレスミスがなくならない」などのお悩みを抱えている方は、いささか荒療治な感があり不安になられるかもしれませんが、塾のオプション講座の受講を取りやめたり、学習量を思い切って減らしてみてはいかがでしょう。今習っていることを理解して学習の精度を高め、睡眠をしっかり取れば、少し時間はかかるかもしれませんがケアレスミスは減り成績は必ず改善してくると思います。だまされたと思ってやってみてください。

MIYAMOTO METHOD

ケアレスミスをなくす「宮本メソッド」38

寝不足でミスが増えてきたら学習量を減らせ

STOP
a careless
mistake

case39

ルール無視がケアレスミスを生む

Q39

うちの子、塾で習ってきたやり方を守らないでミスが増えているみたいなのです。どうしたらいいですか？

1999年9月30日、茨城県東海村で起こった臨界事故について、知らない方はあまりいないと思います。この事故は2011年3月11日に福島第一原子力発電所で事故が発生するまでは、国内最大の原子力事故でした。まずはこの事故について簡単にご説明しましょう。

この事故は核燃料を加工する会社で起こりました。事故の経緯は次のとおりです。国から認可を受けた原子炉燃料用ウランを精製する過程は、まずウランと硝酸を混ぜて「溶解塔」と呼ばれる装置に送った後、「貯塔」と呼ばれる装置に送ります。そして「沈殿槽」と呼ばれる装置に送り、その後焼いて粉末状にしたものをもう一度硝酸と混ぜて「溶解塔」に送り、再び「貯塔」に送って出荷します。かなりややこしい手順を経なければなりません。

しかしこの会社では数年前からこの正規の工程を守らずに、

ウランと硝酸を、ステンレス製のバケツを用いていきなり「貯塔」に送るという「裏マニュアル」に従って作業を進めていました。これ自体が既にルール違反なのですが、事故の起こったこの日は、ウランと硝酸を「貯塔」もすっとばして「沈殿槽」に入れるという行為を行ないました。結果、小さな「沈殿槽」の中が、核分裂が連鎖的に起こる「臨界」という状態に陥ってしまったのです。

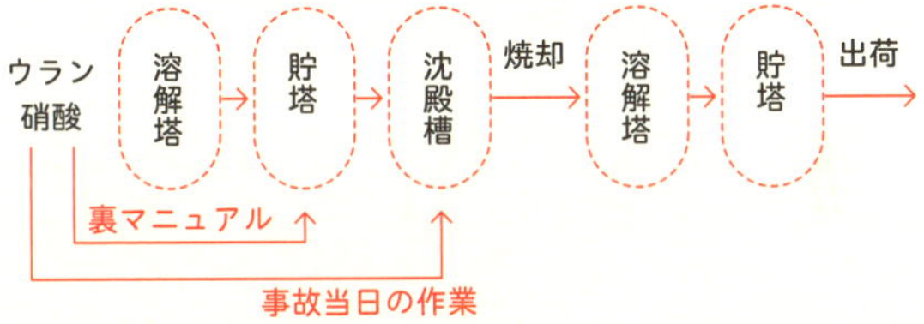

この大事故の原因は「会社ぐるみのルール違反」と当日作業にあたっていた「ひとにぎりの人間のルール違反」が招いたものであると言えます。

なぜヒトは「ルール違反」をするのでしょうか。一般的には以下の場合に「ルール違反」をおかす傾向が強まるとされています。

①ルールを知らない、または理解・納得していない場合
②ほかの人間もルール違反をしている場合
③ルール違反が常態化している場合
④ルール違反によって起こる危険を認識していない場合
⑤ルール違反に対する罰則が小さい場合

最近話題となっている「自転車事故」について考えてみましょう。自転車は「軽車両」と呼ばれる乗り物にあたり、道路交通法の規制を受けます。原則歩道は走ってはいけないことになっており、歩道走行中に人と接触すると１年以下の懲役もしくは10万円以下の罰金に処せられる可能性が出てきます。そして、これはあまり知られていないのですが、自転車には「反則金制度」が適用されないため、道交法違反をするとすべて罰金刑となり前科がつきます。つまり自動車よりも重い扱いになってしまうのです。

また多くの人が一時停止を無視したり、標識に従わなかったりしていますから、自分もやっても大丈夫だろうとたかをくくってルール違反をおかしてしまいます。総合的に見て、自動車を運転する場合に比べ、自転車を運転する際に、ルールを無視してしまう人が多くなってしまうのです。

計算ミスや抜き書きミスなどケアレスミスの多くは、「ルール違反」によって引き起こされているケースが非常に多いのです。四則演算のルールを守らずミスをおかしたり、問題の指示をよく読まずに間違えたりするのは、すべて「ルール違反」によるミスと言えるでしょう。これを回避するために私は次のような提案をしたいと思います。

まず貯金箱を１つ用意してください。そして「家族会議」を開き、「ルール違反」に対する罰則を設けてください。たとえば模試などで問題文をよく読まなかったことによる失点があった場合、その失点×10円を罰金として徴収する、など**具体的な罰則がよい**と思います。もちろん罰金は本当に徴収するわけではありません。成績が上がったときには全額返金するなど、本人の手元に返ってくる仕組みを工夫するのです。

大切なことは「ルール違反」をおかせば罰が与えられるということを子どもたちに実感させることです。このあたりがあいまいなままでは、いつまでたってもルールを守ろうとせず、ケアレスミスの改善もなされません。

注意点が3つあります。必ず家族会議を開いてください。そして罰則について提案し、子ども自身に決めさせてほしいのです。トップダウンではなく自分で決めさせると心理的な拘束力は増します。さらに模試の結果を受けて貯金箱にいくら入れるかも本人に判断を委ねてください。その際「うっかりミス」などのルール違反以外のミスについては罰を与えないでください。

「ルール違反」によるミスとその他のケアレスミスは、性格の違うものですから、当然対策も変えて対応しなければならないのです。

MIYAMOTO METHOD
ケアレスミスをなくす「宮本メソッド」39

家庭内ルールを作って罰則を設けよ

case40

子どものミスのタイプを知ろう

Q40

「ケアレスミスをしやすいタイプ」ってあるんですか？　うちの子はどうなのか心配で…………

　これまでさまざまな「ケアレスミス対策」を練ってまいりましたが、実は個々の性質によっても対策の立て方が変わってくることがあります。そこで本項では、生徒を以下の４つのマトリックスに分けて、タイプ別にケアレスミス対策を考えていきたいと思います。

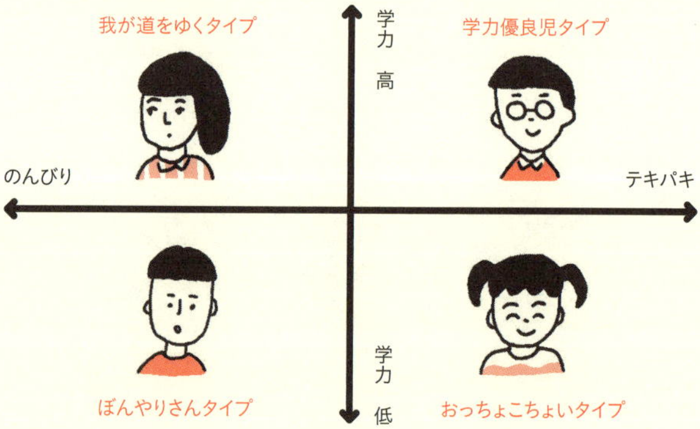

学力優良児タイプ
（学力：高、テキパキ）

学習・スポーツ・生活などあらゆる面で優れています。基本的にはほとんど問題ないタイプです。ケアレスミスもほとんどないか、もしくはあっても途中で気づくことができるため、大きな失策には結びつかないのが特徴です。
強いてあげれば、たくさんの解法や公式が頭に入っているため、疲れなどで集中力を欠くと「アクションスリップ」（P.61）を引き起こす可能性があり、若干の注意が必要です。肉体的に負荷がかかりすぎないように留意しながら、学習を進めていけばよいでしょう。

我が道をゆくタイプ
（学力：高、のんびり）

自分のペースを守り、無理をしないタイプなので、ミスも多くはありませんがマイペースな分、試験などでは時間が足りなくなる場合もあります。成績の伸び悩みはケアレスミスによるものではなくペース配分によるところが大きいでしょう。
しかし「いつも時間が足りなくなる」からと言って、せかしたりすると急にミスが多くなったりします。問題の選球眼を高めたり、動作と動作の間の空白時間を減らすことで、時間短縮をはかってやるのがよいでしょう。

おっちょこちょいタイプ
（学力：低、テキパキ）

テキパキしてはいるのですが、あわてんぼうで「ドジ」によるミスが多いのが特徴です。問題文をちょっと読んだだけで解き始めてしまうため、「解法選択のミス」が非常に多いです。その他には「問題の読み間違い」「条件の勘違い」「正しい答えが出ているのに違う答えを書いてしまう」など、あわてた結果引き起こされるミスが多いようです。
このタイプはとにかく日常生活の中で「一拍置く」ことを励行させてください。「横断歩道ではいったん停止して右左を確認させる」「ごはんを食べ終わったら食器を片付けさせる」など、落ち着いて日常生活を送らせることで、かなり改善していくと思います。ミスがなくなれば「学力優良児タイプ」に進化する可能性がありますからがんばってください。

ぼんやりさんタイプ
（学力：低、のんびり）

集中力に欠け、ぼんやりしているこのタイプは、「見落とし系」「忘れ系」のミスが圧倒的に多いのが特徴です。落とし物や忘れ物も多く、何度言ってもなかなか改善しないため保護者の方が一番根気がいるかもしれません。
対策としては「指さし喚呼」がとても有効です。問題文を読むときも必ずペン先で読んでいるところを追わせ

る、注意すべきところは指で指して確認をさせるなど、とにかく自分の体を使って確認をさせるのです。こうすると自分のミスをチェックでき、体を使わせることで脳に刺激を与え、集中力を高める効果もあります。

このタイプは寝不足は絶対に避けなければなりません。ただでさえ集中力が途切れがちなのに、さらに寝不足になってしまっては集中力低下に追い打ちをかけるからです。睡眠管理をしっかり行なうことも、このタイプの子どものミスを減らすには、とても大切なことなのです。

孫子の兵法にいわく**「敵を知り、己を知れば、百戦危うからず」**という言葉があります。敵の実力をしっかりと見極め、自分の力を客観的に分析すれば、100回対戦しても危機に陥るようなことはない、という意味です。

ケアレスミスという敵に対して具体的な対策は、各科目で立ててきました。あとは自分自身をよく分析するのみです。ケアレスミスを克服し、合格を勝ち得るまであと一歩です。あきらめずに闘い抜きましょう！　がんばってください。

MIYAMOTO METHOD
ケアレスミスをなくす「宮本メソッド」40

↓

「敵を知り、己を知れば、百戦危うからず」

あとがき

本書に最後までおつきあいいただき、誠にありがとうございました。この中に1つでも2つでも、皆様のお役に立てる内容がありましたら、とても嬉しいです。

ケアレスミスを防ぐというのは、大変地味な作業です。ミスをすると目立ちますが、ミスがないと逆にそれは目立ちません。事故が起こって目立つよりは、事故が起こらずに目立たないことの方が何千倍もいいに決まっていますが、努力をしても評価されないのは少々かわいそうな気さえします。

スペースシャトルの打ち上げには、機体の製造・整備・保全などから技術者・科学者・宇宙飛行士に至るまで、8千人以上の人間が関わっていたそうです。そんなに大勢の人間が関われば、当然ヒューマンエラーのリスクも高まります。しかしほとんどの打ち上げではそれが表面化せず、無事にミッションが完了しています。その影には8千人以上の人々の並々ならぬ努力があったはずですが、それが評価されることはあまりありません。

逆にひとたび大事故が起これば、その規模の大きさから世間の注目を一身に浴びます。そして一部のヒューマンエラーがクローズアップされ、歪曲・誇張されて人々に伝えられます。

もちろん人命が損なわれたり、社会的に大きな損失を与えるような事故が起これば、原因を究明し責任を追及することは必要なことですし、大切なことです。それについて反論するものではありません。ただもう少しだけ私たちは「ミスをしないこと」への関心を示し、それを評価し、ありがたく感じるべきだと私は思うのです。

通勤時に電車が遅れれば、多くの人はイライラし不満を持ちます。中には駅員につめ寄る人もいます。しかし2005年４月に起きた福知山線事故では運転士が遅れを取り戻そうと無茶な運転をして、乗客乗員合わせて107名が犠牲となる痛ましい事故になってしまいました。多少遅れても、ミスなく安全に送り届けてもらえたことを評価し、便利な日常をミスなく日々支えてくれている人たちに感謝をしても、決してバチは当たらないと思います。

最後になりましたが、筆の遅い私に文句も言わず温かい心で見守ってくださった株式会社中経出版の荒上和人さん、私に本書執筆のきっかけを作ってくださった原賢太郎さんをはじめとする方々、ご協力ありがとうございました。この場を借りて心よりお礼申し上げます。

著　者

〔著者紹介〕
宮本　毅（みやもと　たけし）
アテナ進学ゼミ主宰。
1969年生まれ。武蔵中学・高等学校、一橋大学社会学部社会問題政策課程卒業。大学卒業後、首都圏大手進学塾に入社し、小・中学生の最上位クラスの指導にあたる。きめ細やかな指導で多くの塾生を難関校に送り込む。
2006年に独立し、東京・吉祥寺に中学受験専門の「アテナ進学ゼミ」を設立。【子どもたちを、自ら考え行動する人間に育てるためには、知識を組み合わせる応用力を養う必要がある】という信念のもと、科目間の垣根を取り払い、たった一人で算数・国語・理科・社会の全科目を指導している。生徒一人一人に丁寧に対応しつつも、決して依存されることなく、自然な形で自主性を育んでいくスタイルは、卒業生から「温かく突き放される感じ」と評されている。また、月１回開催される公開講座や保護者向けセミナーも好評で、遠方からの参加者も多い。
主な著書は、『中学受験　ここで差がつく！　ゴロ合わせで覚える理科85』『中学受験　ここで差がつく！　ゴロ合わせで覚える社会140』（以上、中経出版）、『はじめての中学受験　これだけは知っておきたい12の常識』『考える力を育てる天才ドリル 文章題最強解法メソッド まるいち算』（以上、ディスカヴァー・トゥエンティワン）がある。

本書の内容に関するお問い合わせ先
中経出版編集部　03(3262)2124

ケアレスミスをなくせば，中学受験の９割は成功する（検印省略）

2012年10月17日　第１刷発行
2012年12月９日　第２刷発行

著　者　宮本　毅（みやもと　たけし）
発行者　川金　正法

発行所　㈱中経出版　〒102-0083
東京都千代田区麹町3の2 相互麹町第一ビル
電話　03(3262)0371（営業代表）
03(3262)2124（編集代表）
FAX 03(3262)6855　振替　00110-7-86836
ホームページ　http://www.chukei.co.jp/

乱丁本・落丁本はお取替え致します。
DTP／おかっぱ製作所　印刷／加藤文明社　製本／三森製本所

ISBN978-4-8061-4518-9　C6030